Sigmund Gastiger,
Hans Joachim Abstein (Hg.)

Methoden der Sozialarbeit in unterschiedlichen Arbeitsfeldern der Suchthilfe

LAMBERTUS

Bibliografische Information der Deutschen Nationalbibliothek
Die Deutsche Nationalbibliothek verzeichnet diese Publikation in der Deutschen Nationalbibliografie; detaillierte bibliografische Daten sind im Internet über http://dnb.d-nb.de abrufbar.

www.lambertus.de
Umschlaggestaltung: Nathalie Kupfermann, Bollschweil
Druck: Franz X. Stückle, Druck und Verlag, Ettenheim
ISBN 978-3-7841-2071-3

Inhalt

Vorwort

Den Anfang der Reihe „Skills“ machten die „Soziale Arbeit in gerontologischen Arbeitsfeldern und im Gesundheitswesen“ und „Soziale Arbeit mit Kindern in prekären Lebenslagen“.
Aus dem Vorwort jenes Bandes soll auszugsweise wiedergegeben werden, was auch für den vorliegenden Band gültig bleibt:

- Methodenkompetenz ist die Fähigkeit, die dem jeweiligen Problem *angemessene* Methode einzusetzen.
- Der Methodenbegriff hat sich erweitert. Zu den drei „Klassikern“ Soziale Einzelfallhilfe, soziale Gruppenarbeit und Gemeinwesenarbeit kamen inzwischen vielfältige Handlungskonzepte und Methoden hinzu, die sich zum großen Teil aus der Fachpraxis der Sozialen Arbeit heraus entwickelt haben.
- Dieser und die nachfolgenden Bände bleiben aber bei der begrifflichen – lediglich beschreibenden – Erweiterung der Handlungskonzepte und Methoden nicht stehen. Sie gehen ganz praktisch von *konkreten Arbeitsfeldern* aus.

Der vorliegende Band *Methoden der Sozialarbeit in unterschiedlichen Arbeitsfeldern der Suchthilfe* beleuchtet unterschiedliche Facetten des klassischen Gesamthandlungsfelds „Suchthilfe“ innerhalb der Sozialen Arbeit. Die im Inhaltsverzeichnis genannten Autorinnen und Autoren vertreten jeweils kompetent ein Arbeitsfeld aus dem Gebiet.

In diesem Band werden – dem didaktischen Konzept zufolge – handlungsorientiert theoriebegründete Handlungskonzepte wie auch Methoden der Sozialen Arbeit aufgenommen, zu denen als spezifische Handlungskompetenzen auch *Skills* (Fertigkeiten, bestimmte Problemlösungstechniken, Muster) gehören, die für die Soziale Arbeit insgesamt konstitutiv sind.

Oktober 2011 Sigmund Gastiger

Suchthilfe – ein klassisches Handlungsfeld der Sozialarbeit

Hans Joachim Abstein

Der Gebrauch psychotrop wirksamer Substanzen ist eng mit der kulturellen und gesellschaftlichen Entwicklung der Menschheit verbunden; in nahezu allen historischen und aktuellen Gesellschafts- und Kulturkreisen hatte und hat er Bedeutung. Neben den erwünschten Effekten hat dieser Substanzgebrauch immer schon auch unerwünschte, negativ bewertete Auswirkungen gezeigt. Negative Folgen sind auf der individuellen Ebene des Konsumenten psychisch und körperlich erfahrbar, darüber hinaus wirkt sich unangemessener Substanzgebrauch aber auch massiv sozial im zwischenmenschlichen Bereich und im Gemeinwesen aus: Belastung von familiären Beziehungen, Probleme am Arbeitsplatz, Gefährdung der Sicherheit im Straßenverkehr, Sachbeschädigung und Körperverletzungen unter Alkoholeinfluss, Kriminalität und Kriminalitätsfolgekosten durch illegale Drogen, Belastungen der Gesundheitsversorgung und der Gesundheitssicherungssysteme durch substanzkonsumbedingte Folgeschäden sind hier zu nennen. Im allgemeinen Sprachgebrauch werden diese, durch den Gebrauch von psychotrop wirksamen Substanzen entstandenen negativen Effekte als „Suchtprobleme" bezeichnet. Seit den 1980er Jahren zählt man auch suchtartig verändertes Verhalten (im Bereich Glücksspiel, Kaufverhalten, Sexualität u.a.m.) zu den Suchtproblemen.

Suchtprobleme sind sozial- und gesundheitspolitisch eine große Herausforderung: Allein durch den Konsum von Alkohol entstanden im Jahr 2007 in Deutschland Kosten in Höhe von geschätzt 26,7 Milliarden Euro (Konopka, König, 2007). Diese Kosten setzten sich zusammen aus Krankheitskosten, Kosten durch Sachschäden/Verkehrsunfälle sowie durch den Ausfall von Arbeitsleistung und Frühberentung. *John und Hanke* gehen von jährlich 73.700 Todesfällen durch Alkoholkonsum aus (John, Hanke, 2002). Die Mortalität durch Tabakkonsum wird auf 115.000 Todesfälle pro Jahr geschätzt (DHS, 2011). Neben diesen volkswirtschaftlichen Problembereichen ergeben sich weitere Belastungen durch den nicht bestimmungsgemäßen Gebrauch von Medikamenten (Medikamentenabhängigkeit) und von illegalen Drogen. Zusätzlich zu diesen so genannten substanzbezogenen Störungen differenziert man im Bereich der Suchthilfe noch die Kategorie der verhaltensbezogenen Störungen: Gemeint sind hier Essstörungen, pathologisches Glücksspiel, pathologische PC- und Internetnutzung („Computersucht"), exzessives Kaufen („Kaufsucht"), exzessives Sexualverhalten („Sexsucht") und weitere pathologische, suchtartige Abweichungen menschlichen Verhaltens. Gemeinsam ist diesen Störungen, dass sie in der Regel die Betroffenen psychisch schädigen, häufig auch körperliche Schädigungen bedingen und fast immer auch negative soziale Auswirkungen auf der zwischenmenschlichen Ebene, hinsichtlich sozialer Teilhabe und häufig auch der Erwerbsfähigkeit haben. Durch Krankheit und Arbeitsausfallkosten, durch suchtbedingte Sachschäden, Kriminalität, Maßnahmen der Strafverfolgung, der Prävention und der Rehabilitation entstehen auch in diesen Bereichen enorme Kosten, die sich zu den oben genannten Zahlen addieren und letztlich auch ökonomisch ein großes Problem darstellen.

Sozialarbeit – die dominierende Profession in der Suchthilfe

Bei der Auflistung dieser Auswirkungen wird deutlich, dass Suchtfolgen in viele Bereiche ausstrahlen – so ist die Beantwortung dieser Probleme auch nicht einem sozialrechtlichen Leistungsbereich oder einer Profession zuzuordnen, sondern stellt eine geradezu exemplarische Herausforderung für ein professions- und leistungsbereichübergreifendes Schnittstellenmanagement dar. Nicht zuletzt aus diesem Grund ist Sozialarbeit nach wie vor zahlenmäßig die dominierende Berufsgruppe im Bereich der Hilfen für Suchtkranke und Suchtgefährdete (Klein, 1999). Professionsspezifische Kompetenzen, wie die Erfassung und Analyse psychosozialer Lebenslagen und Hilfebedarfe, die Kenntnis sozialleistungsrechtlicher Ansprüche und Verfahrenswege, Hilfeplanung und Case-Management befähigen Sozialarbeiterinnen und Sozialarbeiter in besonderem Maß, die erforderlichen Vernetzungsleistungen zur Lösung der multifaktoriellen Problemlagen sicherzustellen.

Bereits lange bevor es die modernen Institutionen der Suchthilfe gab, haben sich sozial engagierte Menschen und staatlich beauftragte Gesundheitsfürsorger um Menschen mit Suchtproblemen bemüht. Diese Vorläuferprofessionen der modernen Sozialarbeit haben die Grundlage für das heutige deutsche Suchthilfesystem geschaffen.

Institutionen und Leistung der Suchthilfe

In Deutschland hat sich, ausgehend von einem Urteil des Bundessozialgerichtes aus dem Jahr 1968, in dem Sucht als Krankheit klassifiziert wurde, ein vielfältig differenziertes Suchthilfesystem entwickelt (BSGH, 1968). Seit den 1990er Jahren ist das bis zu diesem Zeitpunkt überwiegend sozialarbeiterisch und durch die Selbsthilfe geprägte Hilfesystem – damals fast ausschließlich bestehend aus ambulanten Suchtberatungsstellen und stationären Suchttherapieeinrichtungen – durch neu entwickelte medizinische Dienste und Institutionen ergänzt worden. In der Folge kamen neue Leistungsformen und Leistungsträger hinzu; so sind in Jugendhilfe, Wohnungslosenhilfe und Psychiatrie ergänzende Angebote für die jeweilige Klientel mit der Komorbidität „Sucht“ entstanden. Akteure, Berufsgruppen, Dienste und Einrichtungen haben sich immer weiter gegliedert und spezialisiert und entwickelten die Suchthilfe in Deutschland zu einem in dieser Vielfalt und Differenziertheit international einmaligen Hilfesystem. Neben den klassischen stationären Suchtkliniken und den ambulanten Suchtberatungsstellen gibt es heute in der Versorgung suchtgefährdeter und -abhängiger Menschen weitere psychotherapeutische und medizinische Behandlungsangebote, niedrigschwellige Hilfen in Form von Kontaktläden, Drogenkonsumräumen, Notschlafstellen und aufsuchenden Diensten, Betreute Wohngruppen, Adaptionseinrichtungen und Integrationsprojekte. Es gibt Angebote für besondere Zielgruppen wie z. B. Migranten, Kinder von Suchtkranken, ältere Menschen und Wohnungslose. Die jährlich veröffentlichte Deutsche Suchthilfestatistik weist für das Jahr 2009 316.075 ambulante und 38.618 stationäre Betreuungen aus, die in den 779 ambulanten und 157 stationären Einrichtungen durchgeführt wurden (Steppan, Künzel, Pfeiffer-Gerschel, 2010). In all diesen Einrichtungen und Diensten arbeiten Sozialarbeiterinnen und Sozialarbeiter.

Die Differenzierung und Segmentierung der Suchthilfe – eine Herausforderung für die Sozialarbeit

Die Vielfalt des Angebots spiegelt sich auch in der leistungsrechtlichen Verortung wieder. Mit SGB II und III (Hilfen für Arbeitslose), SGB V (Krankenhilfe), SGB VI (Rehabilitation durch die Rentenversicherung), SGB VIII (Jugendhilfe), SGB IX (Teilhabe), SGB XI (Pflegeleistungen) und SGB XII (Eingliederungshilfe) sind nahezu alle sozialrechtlichen

Finanzierer mit im Boot. Ein großes Manko ist allerdings nach wie vor die unzureichende leistungsrechtliche Harmonisierung dieser Angebote in Folge der durch die Sozialgesetzbücher segmentierten Leistungszuständigkeit, was immer wieder zu erheblichen Regelungsschwierigkeiten bei „Schnittstellenproblemlagen“ führt. So ist keineswegs eindeutig klar, ob die Jugendhilfe (SGB VIII), die Krankenversicherung (SGB V) oder eventuell die Rentenversicherung (SGB VI) die Kosten für die Suchttherapie eines jungen Menschen unter 18 übernehmen muss. Auch bei suchtkranken Menschen in Haft, bei Menschen ohne geklärten Aufenthaltsstatus oder bei wohnungslosen Menschen treten immer wieder schwer zu klärende Fragen bezüglich der Leistungszuständigkeit auf. Durch ihre sozial- und verwaltungsrechtlichen Kenntnisse sind Sozialarbeiterinnen und Sozialarbeiter dafür prädestiniert, passgenaue und indikationsentsprechende Hilfen zu identifizieren und für die Betroffenen zu erschließen. Die umfassendste Kompetenz und die größten sozialarbeiterischen (Personal-) Ressourcen dafür liegen grundsätzlich bei den ambulanten Suchtberatungsstellen: in der Regel sind sie die ersten Anlaufstellen für Betroffene und das soziale Umfeld in Fragen der Suchtgefährdung und -erkrankung. Diese Einrichtungen werden meist aus öffentlichen Zuwendungen (kommunale Mittel, teilweise auch Landesmittel) und Eigenmitteln der überwiegend wohlfahrtsverbandlichen beziehungsweise gemeinnützigen Träger finanziert. Dieser Eigenanteil ist je nach Bundesland, Träger und konzeptioneller Ausrichtung der Einrichtung sehr unterschiedlich und variiert zwischen 15 und 50 Prozent. Beratungsstellen haben insofern den Vorteil, nicht an die leistungsrechtlichen Zuständigkeiten und Grenzen der einzelnen Sozialgesetzbücher gebunden zu sein. In der immer komplexer werdenden Hilfelandschaft kommt ihnen neben ihren originären Aufgaben der Beratung und Behandlung, Motivation, Therapievermittlung und nachsorgenden Integrationsleistungen die Funktion zu, von Suchtproblemen betroffene Menschen in ihrer finanziell-materiellen Existenz zu sichern, Sozial- und Versicherungsleistungen zu beantragen und durchzusetzen und sie indikationsgerecht und lösungsorientiert durch das differenzierte Hilfesystem zu lotsen. Die Sicherung und Durchsetzung von Rechtsansprüchen, Case-Management für die betroffenen Personen und die Koordinierung der Fallführung durch die einzelnen Leistungsbereiche sind die Antwort der Sozialarbeit auf die für Betroffene und die oft hoch spezialisierten Leistungserbringer gleichermaßen undurchschaubaren Leistungszuständigkeiten (s. hierzu insbesondere den Abschnitt „Case Management als Methode in der Einzelfallhilfe“ bei *Preuss-Ruf*).

Die Erschließung von Hilfen für Suchtkranke durch die Sozialarbeit – ein Fall, drei Beispiele

Typische Formen sozialarbeiterischer Interventionen bei Suchtmittelabhängigen werden im Folgenden anhand eines konstruierten Falles exemplarisch entwickelt. Der Fokus der Betrachtung liegt hierbei weniger auf der Leistungserbringung im institutionellen Kontext, sondern wird vor dem Hintergrund der spezifischen, leistungsbereichsübergreifenden Erschließung von Hilfen aufgezeigt. Ohne den folgenden, differenzierteren Beiträgen dieses Buchs vorgreifen zu wollen, wird idealtypisch eine durchgehende Betreuung in verschiedenen Phasen der Hilfeerbringung von niederschwellig bis hochstrukturiert dargestellt. Es ist dabei nicht ungewöhnlich, dass wie im beschriebenen Fall das Management dieses Hilfeprozesses weitgehend von *einer* Fachkraft (in diesem Fall dem Mitarbeiter einer Suchtberatungsstelle) in personeller Kontinuität erbracht wird, allerdings sind bei anderen Verläufen auch Überweisungen und die Abgabe der Fallführung zu Kolleginnen oder Kollegen anderer Einrichtungen notwendig und/oder sinnvoll. Mögliche derartige Übergänge werden im kommentierenden Text mit aufgezeigt.

Aufsuchende Suchthilfe im Krankenhaus – Identifikation von Hilfebedarfen, Hilfeplanung und Motivierung

Die Suchthilfe in Deutschland hat sich fachlich hoch qualifiziert; für die Hilfesuchenden wurden sehr wirksame, anspruchsvolle Interventionen konzipiert. Ein Problem dabei ist allerdings, dass die Angebote nach wie vor nur einen kleinen Teil der wirklich Hilfebedürftigen erreichen. Es ist der Verdienst von *Wienberg* (1992), auf diesen strukturellen Mangel hingewiesen zu haben. In den letzten Jahren hat die sozialarbeiterische Suchthilfe mit verschiedenen Formen der Frühintervention, hauptsächlich im Rahmen aufsuchender Hilfen, darauf reagiert. Zielführende Überlegung dabei ist es, Menschen zu erreichen, bei denen bereits eine Suchtgefährdung oder ein Suchtproblem vorliegt, die aber noch keine Veränderungsmotivation diesbezüglich haben. So haben viele Suchtberatungsstellen in Allgemeinkrankenhäusern so genannte Konsiliardienste vereinbart, die eine Kontaktaufnahme zu Menschen mit Suchtproblemen während ihrer Krankenhausbehandlung ermöglichen. Gemeint sind hier nicht Beratungsprozesse während geplanter, qualifizierter Entzugsprozesse im Rahmen einer Suchtbehandlung, sondern Interventionen während der stationären Behandlung von Unfällen oder Organerkrankungen, die im Zusammenhang mit Alkohol oder sonstigem Substanzgebrauch stehen. Die im Krankenhaus gegebene Unterbrechung der normalen Alltagsroutine, verbunden mit der Konfrontation mit den Folgen des Substanzkonsums, öffnet für manche Patienten ein so genanntes „Motivationsfenster", das zur Information über die Auswirkungen des problematischen Konsums, über Zusammenhänge mit den Erkrankungs- oder Unfallursachen, zur Reflexion des Verhaltens und zur Entscheidungsfindung für Verhaltensänderungen genutzt werden kann (vgl. dazu *Indizierte Prävention* bei *Niemeier*).

Sozialarbeiter S., Mitarbeiter einer Suchtberatungsstelle, wird bei seiner wöchentlichen Sprechstunde im Allgemeinkrankenhaus im Rahmen des vereinbarten dreistündigen Liaisondienstes auf einen Patienten hingewiesen, der seit einigen Tagen auf einer chirurgischen Station behandelt wird. Von der Stationsschwester erfährt er, dass der 27-jährige Mario K. zum zweiten Mal innerhalb von drei Monaten in Folge erheblicher Sturzverletzungen behandelt wird. Wurde beim ersten Mal ein komplizierter Handwurzelbruch behandelt, ist es diesmal ein Jochbeinbruch. Bei der Einlieferung sei der Patient beide Male erheblich alkoholisiert gewesen, er habe während der gesamten Behandlungszeit medikamentös stabilisiert werden müssen, da ansonsten erhebliche Entzugserscheinungen aufgetreten wären. Neben der Alkoholproblematik bestehe offensichtlich auch eine Abhängigkeit von Benzodiazepinen, möglicherweise auch ein Missbrauch illegaler Drogen. Der Mann habe bisher weitere Hilfen abgelehnt und sei beim letzten Mal unter Medikamenten und nicht entgiftet entlassen worden. Er spreche jetzt von massiven Problemen mit dem Vermieter seiner Wohnung, der ihm fristlos kündigen möchte. Er befürchte, bei der Entlassung aus der Klinik wohnungslos zu sein. Der Sozialdienst des Krankenhauses sei eingeschaltet und habe nun erreicht, dass ein Gespräch mit der Suchtberatungsstelle von dem Patienten nicht mehr abgelehnt werde.

Beim Besuch am Krankenbett ist der Patient zunächst gegenüber S. abweisend und meint, dass die Sozialarbeiterin des Krankenhaussozialdienstes sich schon um die notwendige Regelung zum Erhalt seiner Wohnung kümmern werde. Im Verlauf des Gesprächs wird deutlich, dass neben dem Wohnungsproblem auch die Einkommenssituation des arbeitslosen Mannes prekär ist. Er sei mehreren Meldeaufforderungen der Arbeitsagentur nicht nachgekommen und deswegen von Kürzungen der SGB II-Leistungen betroffen. In der Folge habe er auch die gerichtlich verhängte Geldstrafe wegen Drogenverkaufs nicht mehr bedienen können und sei bereits von einer bevorstehenden Inhaftierung zur Vollstreckung einer Ersatzfreiheitsstrafe bedroht. Der Sozialarbeiter erfährt, dass die Unfälle (Stürze von der Treppe) unter Alkoholeinfluss entstanden sind, dass aber das eigentliche Problem eine Heroinabhängigkeit sei. Wegen der ALG 2-Kürzungen habe er Schulden bei seinem Dealer und könne seinen Drogenbedarf nicht mehr decken. Um die Entzugserscheinungen auszugleichen, nehme er „schwarz beschaffte" Medikamente und trinke zum Teil erhebliche Mengen Alkohol. Er könne sich nicht vorstellen, ohne Drogen zu leben, allerdings möchte er weitere Unfälle und eine Verschlimmerung seiner Situation möglichst verhindern und sei insofern auch gesprächsbereit. Die Frage nach einer laufenden Substitution seiner Opiatabhängigkeit verneint der Patient. Er habe bisher davon Abstand genommen, weil er nicht glaube, auf den ergänzenden Konsum von Alkohol und Cannabis verzichten zu können. Am Ende des Gesprächs nimmt K. aber das Angebot des Drogenberaters an, ein gemeinsames Gespräch mit einem substituierenden Arzt in der ärztlichen Schwerpunktpraxis zu führen.

Es ist für die aktuelle Situation des Patienten und für die Handlungsoptionen des Sozialarbeiters zunächst unerheblich, aus welchen Gründen K. in diese Situation geraten ist und wie die offensichtlich bestehende Suchterkrankung entstanden ist. Wichtig in dieser Phase des Kontakts ist ein ergebnisoffener Gesprächsansatz (vgl. den Beitrag von *Rieger* und den Abschnitt „Motivierende Gesprächsführung" bei *Frank* in diesem Buch). Unmittelbar wirkende existenzsichernde Hilfen sind die Voraussetzung dafür, dass eine Kooperations- oder Behandlungsbereitschaft bei K. überhaupt entstehen und damit die Entwicklung weiterer Perspektiven und nachhaltiger Veränderungsprozesse eingeleitet werden kann. Nicht der Wunsch nach einer Suchtbehandlung und Drogenfreiheit, sondern die Perspektive der Wohnungssicherung und der mögliche Wegfall des „Beschaffungsdrucks" begründen die helfende Beziehung. Mit der Einleitung der Substitutionsbehandlung gelingt eine vorläufige Stabilisierung der chaotischen gesundheitlichen und psychosozialen Situation von K.

In der Schwerpunktpraxis macht der Arzt deutlich, dass er den Patienten in eine Substitutionsbehandlung aufnimmt, wenn sichergestellt ist, dass er den Beikonsum von Benzodiazepinen eingestellt hat. Der Patient zeigt sich motiviert, die Behandlung unter diesen Bedingungen anzunehmen. Zurück im Krankenhaus kann der Sozialarbeiter mit dem behandelnden Arzt und dem Patienten klären, dass eine zeitnahe Verlegung in einen qualifizierten

Entzug in der nahe gelegenen psychiatrischen Klinik möglich ist. Der Sozialarbeiter organisiert die Aufnahme und vereinbart, dass dort die Umstellung auf das Substitut erfolgt.

Neben der Kontaktaufnahme zur Substitutionspraxis hat der Sozialarbeiter die Verlegung in eine notwendige „Teilentgiftung“ von Benzodiazepinen in einer Einrichtung des „qualifizierten Entzugs für Drogenabhängige“ in einer nahegelegenen Psychiatrischen Klinik vermittelt (beides sind Leistungen der gesetzlichen Krankenversicherung, SGB V). Der stationäre Aufenthalt des Patienten verlängert sich durch die Weiterbehandlung im qualifizierten Entzug um weitere zwei Wochen. Diese Zeit kann der Sozialarbeiter in Verbindung mit dem Krankenhaussozialdienst nutzen, die Wohnungsnotlage durch Telefongespräche mit dem Vermieter zu beheben. In Kontakt mit dem Jobcenter gelingt es weiterhin, die Kürzungen des SGB-II-Bezugs für drei Monate auszusetzen, wenn K. zuverlässig die Termine beim Jobcenter und der Suchtberatungsstelle wahrnimmt. Zusätzlich wird mit einer Kontaktaufnahme zur Strafvollstreckungsabteilung der Staatsanwaltschaft ein Zahlungsaufschub erreicht und die drohende Inhaftierung abgewendet.

Substitutionsbegleitung – Existenzsicherung, Stabilisierung und Hilfebereichsübergreifende Vernetzung

Nach der „Richtlinie zur substitutionsgestützten Behandlung Opiatabhängiger“ (BUB-Richtlinien nach § 135 Abs. 1 SGB V des Bundesausschusses der Ärzte und Krankenkassen vom 10.12.1999, zuletzt geändert am 18.03.2010) muss der substituierende Arzt eine so genannte „psychosoziale Begleitung“ durch eine Suchtberatungsstelle sicherstellen, wenn dies der Fall erfordert. Bei K. ist die Notwendigkeit dafür ganz offensichtlich gegeben; weder im körperlichen, psychischen und sozialen Bereich ist von stabilen Verhältnissen auszugehen.

Die Substitutionsbehandlung hat den Patienten deutlich stabilisiert. Nach einigen Alkoholauffälligkeiten, die in der Schwerpunktpraxis mit einer täglichen Atemalkoholkontrolle überprüft werden, hat K. es geschafft, weitgehend beikonsumfrei zu leben. Es ist gelungen, ihn in eine geregelte psychosoziale Begleitung in der Suchtberatungsstelle einzubinden; er nimmt dort wöchentlich Gespräche mit S. wahr. Die erfolgreiche Regelung der chaotischen Lebensumstände mit Hilfe der Suchtberatungsstelle wäh-

rend der stationären Behandlungszeit motiviert den Patienten, den Kontakt zum Drogenberater nicht abreißen zu lassen.

Nach etwa einem halben Jahr relativ stabiler Substitution mit regelmäßigen Begleitgesprächen in der Suchtberatungsstelle und der Schwerpunktpraxis erhält der Patient das Angebot, bei einer Messebaufirma zunächst für drei Monate angestellt zu werden. Sowohl der substituierende Arzt wie der Drogenberater sind skeptisch, ob die zum Teil länger dauernde Abwesenheit vom Behandlungsort mit der gerade erst stabil laufenden Behandlung vereinbar ist. Der Patient fühlt sich allerdings stabil und will die Chance unbedingt nutzen, nach langer Arbeitslosigkeit endlich wieder einen Job zu haben. Der substituierende Arzt ist nicht bereit, das Substitutionsmittel für eine ganze Woche mitzugeben. Mit erheblichem Aufwand gelingt es der Suchtberatungsstelle, am Ort des ersten Arbeitseinsatzes eine Substitutionsausgabe durch eine dortige Praxis zu organisieren. Bereits in der zweiten Woche an einem anderen Einsatzort ist das aber nicht mehr möglich. Der Patient will diesen Job allerdings unbedingt behalten und reist daher ohne Medikation ab. Über alte Kontakte hat er sich Medikamente besorgt, mit denen er die zu erwartenden Entzugserscheinungen im Griff behalten will. Durch die arbeitsbedingten Abwesenheitszeiten von K. sind nun auch persönliche Gespräche mit Sozialarbeiter S. nicht mehr möglich. Der Arzt erklärt die Substitutionsbehandlung für beendet. Der Kontakt zur Beratungsstelle bricht nach einigen telefonischen Gesprächen etwa sechs Wochen später ab.

Rehabilitationsvermittlung – Beantragung und Durchsetzung von Leistungsansprüchen, Vorbereitung und Begleitung einer Suchttherapie

In nur wenigen Fällen gelingt es, suchtmittelabhängige Menschen zu einem Veränderungsprozess zu motivieren, der unmittelbar und gradlinig zu einer dauerhaften Stabilisierung führt. Wie im beschriebenen Fall von Mario K. wird deutlich, dass der Ausstieg aus dem Suchtmittelkonsum häufig herausfordernde Entscheidungen mit sich bringt und für die Klienten ein sehr ambivalent erlebter Vorgang ist.

Etwa neun Monate später meldet sich K. wieder bei der Suchtberatungsstelle. S. erfährt, dass K. sich erneut beim substituierenden Arzt gemeldet hat, um dort wieder in die Substitution einzusteigen. Aufgrund der desolaten sozialen Situation besteht der Arzt auf eine Abklärung des psychosozialen Hilfebedarfs durch die Suchtberatungsstelle. K. hat inzwischen seine Wohnung verloren und lebt vorübergehend bei einem Freund. Wenige Wochen nach Beendigung der Substitution habe er wieder Heroin konsumiert, zwischendurch behelfe er sich mit Substitutionsmitteln, die er auf dem Schwarzmarkt erwirbt. Er vermutet, dass er inzwischen zur Fahndung ausgeschrieben ist, weil er sich auch seit etwa sechs Monaten nicht mehr bei der Strafvollstreckungskammer gemeldet hat. Ein erstes vereinbartes Gespräch kommt zustande und durch einen Anruf bei der Strafvollstreckungskammer erfährt S., dass K. zur Fahndung ausgeschrieben ist und auch neue Beschuldigungen wegen Drogenerwerbs gegen ihn vorliegen, eine Anklage werde vorbereitet. Mit dem Einverständnis von K. verhandelt S. mit der Strafvollstreckungsabteilung der Staatsanwaltschaft, unter welchen Bedingungen K. vorübergehend von der Haft verschont werden kann. Aufgrund der neuerlich vorliegenden Drogendelikte ist die Strafvollstreckungsabteilung nicht bereit, K. weitere Haftverschonung zu gewähren. In einem weiteren Gespräch verdeutlicht S. seinem Klienten, dass er nun sicher mit einer Inhaftierung zu rechnen hat. Eine einzige Möglichkeit bleibe noch, die Beantragung einer stationären Drogentherapie und damit verbunden die Zurückstellung der Strafen gemäß § 35 des Betäubungsmittelgesetzes (BtMG, „Therapie statt Strafe"). Falls K. diesen Weg gehen wolle, besteht die Möglichkeit, erneut mit der Strafvollstreckungskammer zu reden und einen Aufschub des Haftantritts zu erwirken, bis die Therapievermittlung möglich ist. Aufgrund der desolaten Situation und der geradezu panischen Angst vor einer Inhaftierung willigt K. in diesen Vorschlag ein, obwohl er offen zugibt, sich nicht vorstellen zu können, ohne Drogen leben zu können.

Für die Arbeit mit Drogenabhängigen hat der Gesetzgeber besondere rechtliche Ausnahmen zugelassen: Zum einen genießen Mitarbeiter von Suchtberatungsstellen in so genannten „Betäubungsmittelangelegenheiten" ein Zeugnisverweigerungsrecht nach § 203 Strafgesetzbuch (StGB) entsprechend Ärzten, Geistlichen und Anwälten. Nur so war es S. möglich, mit der Strafvollstreckungskammer über den zur Fahndung ausgeschriebenen K. zu verhandeln. Eine weitere Besonderheit bezieht sich zum anderen auf die Möglichkeit der Zurückstellung von Freiheitsstrafen nach § 35 des BtMG. Hier trägt der Gesetzgeber der Tatsache Rechnung, dass Straftaten aufgrund einer Abhängigkeit begangen werden und somit der Behandlung der Suchterkrankung Vorrang vor der Strafvollstreckung gewährt wird. Bei erfolgreicher Beendigung der Behandlung kann die noch zu verbüßende Freiheitsstrafe nach § 36 BtMG zur Bewährung ausgesetzt werden, die Therapiezeit kann auf die Verbüßung der Freiheitsstrafe angerechnet werden.

S. stellt für K. einen Antrag auf eine stationäre Drogentherapie (Leistungen zur medizinischen Rehabilitation, SGB VI). In der Zeit seiner Erwerbstätigkeit im letzten Jahr hat K. wieder Ansprüche auf Leistungen nach dem SGB VI erworben. Ergänzend dazu organisiert der Sozialarbeiter das ärztliche Gutachten zu diesem Antrag über die Substitutionspraxis. Er selbst muss ein psychosoziales Gutachten, den so genannten Sozialbericht, erstellen. Dieser ist zusammen mit dem ärztlichen Gutachten Grundlage für die Entscheidung über eine Kostengewährung und dient gleichzeitig der Information der Behandlungsstelle über Behandlungsziele, Behandlungsindikationen und weitere Maßnahmen. Mit Vorlage des Therapieantrages gewährt die Strafvollstreckungsabteilung K. acht Wochen Aufschub bis zum Antritt seiner Freiheitsstrafe. Sobald eine Kostenzusage vorliegt, kann er den Antrag nach § 35 BtMG auf Zurückstellung der Freiheitsstrafe stellen. In der Zwischenzeit wird er von der Substitutionspraxis erneut substituiert. Tatsächlich gelingt es, K. soweit zu stabilisieren, dass er die notwendigen Schritte zur Therapievorbereitung, zu denen auch eine Bewerbung in einer Fachklinik gehört, vollzieht. Die Kostenzusage erhält K. nach fünf Wochen. Den Antrag auf Zurückstellung der Freiheitsstrafe nach § 35 BtMG stellt der Sozialarbeiter zusammen mit seinem Klienten. Der Aufnahmetermin wird drei Wochen später festgesetzt. Parallel dazu organisiert S. den notwendigen Drogenentzug in einer Einrichtung des qualifizierten Entzugs. Jetzt geht es darum, tatsächlich auch das Substitutionsmittel zu entziehen, wovor K. starke Ängste hat. Tatsächlich dauert der Entzug letztlich vier Wochen, so dass der Aufnahmetermin noch einmal verschoben wird. 15 Monate nach dem ersten Kontakt begleitet S. Mario K. zur Aufnahme in die stationäre Drogenrehabilitations-einrichtung.

In den folgenden Kapiteln werden die Handlungsansätze der Sozialarbeit in der Suchthilfe institutions- oder handlungsfeldbezogen differenziert dargestellt. Die Autorinnen und Autoren sind spezialisierte ExpertInnen für Ihre Bereiche; jedoch wird immer auch deutlich, was das spezifisch

„sozialarbeiterische" ihrer Tätigkeit ist, die sie häufig in multiprofessionellen Teams erbringen.

Literatur:

Bundesgerichtshof, 18. Juni 1968 - 3 RK 63/66 - USK 6845

BUB-Richtlinien nach § 135 Abs. 1 SGB V des Bundesausschusses der Ärzte und Krankenkassen vom 10.12.1999, zuletzt geändert am 18.03.2010

Deutsche Hauptstelle für Suchtfragen e.V., Jahrbuch Sucht 2011

John, U./Hanke, M.: Alcohol-Attributable Mortality in a high per capita consumption country – Germany. In: Alcohol and Alcoholism, 37/2002. S. 581–585

Klein, M.: Praxisfeld Suchthilfe [The practice of addiction treatment]. In: Badry, E., Buchka, M. & Knapp, R. (Hrsg.). Pädagogik. Grundlagen und Arbeitsfelder. Neuwied 1999.

Konnopka, A./König, H.H.: Direkte und indirekte Kosten des Alkoholkonsums in Deutschland. Pharmacoeconomics German Research Articles, 2007, 5(1), 41–56

Steppan, M./Künzel, J./Pfeiffer-Gerschel, T.: Suchtkrankenhilfe in Deutschland 2009, Jahresbericht der Deutschen Suchthilfestatistik (DSHS), München 2010

Wienberg, G. (Hg.): Die vergessene Mehrheit – zur Realität der Versorgung alkohol- und medikamentenabhängiger Menschen, Bonn 1992

Rumpf, H.-J./Hapke, U./John, U.: Spezifika des Settings im Allgemeinkrankenhaus und ihre Bedeutung für die Vernetzung von Suchthilfen. In: JOHN, U., DHS (Hg.): Regionale Suchtkrankenversorgung – Konzepte und Kooperationen, Lambertus, Freiburg i.Br. 1997

Suchtprävention – von der Drogenszene zum gesellschaftlichen Querschnittsthema

Christa Niemeier

Sucht wird nach wie vor disziplinübergreifend als eine bio-psychosoziale Fehlanpassung[1] gesehen. Betrachtet man die Suchtprävention (SP) als eine Strategie, eine Sucht zu verhindern, muss sie sich demgemäß auch den biologischen, psychischen und sozialen Faktoren widmen, die für eine Suchtvermeidung relevant sind. Diese Zielrichtung hat sich in den letzten Jahren erweitert hinsichtlich einer Verhinderung von Substanzmissbrauch und gesundheitsgefährdendem Konsumverhalten. Die SP bezieht sich dabei auf illegale Substanzen (Cannabinoide wie Haschisch oder Marihuana, Heroin, Kokain, Ecstasy, Spice u.a.) und legale Substanzen wie Alkohol, Tabak und Medikamente. „Verhaltenssüchte" wie pathologisches Glücksspiel (Spielsucht) und PC- oder Internetproblematik[2] gehören ebenso dazu. Weitere Phänomene, die im allgemeinen Sprachgebrauch gern als „Sucht"[3] bezeichnet werden, sind nicht vorrangig im Fokus, aber auch nicht ausgeschlossen.

Suchtprävention ist also ein Querschnittsthema. Sie hat vom Anspruch her ihren Platz in fast allen sozialen Arbeitsfeldern und, in Form der betrieblichen SP, in allen erdenklichen Berufsfeldern. Das erklärt auch, dass Suchtprävention bis heute zunächst kein fest umschriebenes Berufsprofil aufweist, sondern von unterschiedlichen Professionen, aber auch von Selbsthilfe und Ehrenamt, abgedeckt wird. Zu nennen sind hier in erster Linie die Sozialarbeiter/innen, Sozialpädagogen/innen und Psychologen/innen der Suchtberatungsstellen. Außerhalb des Suchthilfesystems sind insbesondere zu nennen Lehrer/innen und Erzieher/innen, Mediziner/innen und mittlerweile auch Altenpfleger/innen. Sie alle können im

[1] Fehlanpassung ist hier nicht als bewertende Kategorie zu sehen, sondern im Sinne eines nicht gewollten Verhaltens oder Zustands.

[2] Problematischer PC- und Internetkonsum werden z. Zt. sowohl als Suchtphänomen behandelt als auch als Impulskontrollstörung im psychosomatischen Krankheitsspektrum. In den international gültigen Diagnostiksystemen (ICD-10, DSM IV) ist es bisher nicht eindeutig als Sucht bzw. Abhängigkeit beschrieben.

[3] z.B. Kaufsucht, Arbeitssucht, Sexsucht, Sportsucht u.ä.

Rahmen ihrer Arbeit suchtpräventiv tätig sein. Damit ist gleichzeitig auch ein Kernproblem der SP beschrieben. Denn fortschreitender Erkenntnisgewinn aus der Präventionsforschung und die zunehmend richtigerweise geforderte Konzepttreue von positiv evaluierten Präventionsmaßnahmen, führen erfreulicherweise zu einem Qualitätsbewusstsein der SP. Ein solcher Qualitätsanspruch kann aber zunächst nur an ausgewiesene Präventionsfachkräfte gerichtet werden.
Um den aktuellen Standort der SP in der Sozialen Arbeit beschreiben und verstehen zu können, muss man sie in ihrer historischen Entwicklung betrachten.

Historische Entwicklung von Leitkonzepten der Suchtprävention (Laging 2009)

Konzept der abschreckenden Information:
Mit dem Aufkommen der Drogenproblematik Ende der 1960er Jahre wurde mit Konzepten der Abschreckung auf Drogenfreiheit und Abstinenz hingewirkt. Diese Ausrichtung zeigte sich stark expertenorientiert und verpönte den Drogen- und Suchtmittelgebrauch.

Konzept der funktionalen Äquivalente oder Risikoalternativen:
Eine Haltung der Ursachenorientierung rückte in den Vordergrund. Die Stärkung von Selbstbewusstsein und Handlungskompetenzen wurde als Präventionsstrategie entwickelt. Diese Ansätze waren stark individualisiert und personenorientiert und setzten auf alternative Erlebnisformen. Suchtgefahren und Suchtentwicklung traten als Thema in den Hintergrund.

Konzept der Lebenskompetenzförderung:
Diese Ansätze waren suchtunspezifisch ausgerichtet und zeichneten sich aus durch ihre Nähe zur allgemeinen Gesundheitsförderung. Im Mittelpunkt standen die Immunisierung gegenüber Risiken und die Förderung von Schutzfaktoren, Kompetenzen und individuellen Ressourcen. Trainingsprogramme und Peer-Konzepte wurden entwickelt. Man könnte auch von einer „Therapeutisierung" der Suchtprävention sprechen.

Konzept der Sekundärprävention durch Schadensminderung:
Mit Aufkommen des Ecstasy-Booms und der Rave-Partys kamen Konzepte der klassischen „harm-reduction" auf. Durch Information, aufsuchende Arbeit und konkrete Hilfsangebote bei Veranstaltungen sollten konsumbe-

dingte Risiken verhindert werden. Die Substanz- und Risikoinformation traten wieder mehr in den Mittelpunkt. Handlungsstrategien wurden auf bestimmte Zielgruppen (drogennahe Szene) abgestimmt und waren eher akzeptanzorientiert.

Konzepte der pädagogischen Risikobegleitung und drogenbezogenen Bildung:
Der Begriff der Drogenmündigkeit (Bartsch 2002) wird entwickelt. Drogenbildung und Kenntnisse zu Suchtgefahren wurden als Bestandteil sozialer Bildung gesehen. Konsumpraxis wird eher kultiviert durch Rituale und Regeln. Die Konzepte zeichneten sich aus durch zielgruppenbezogene Projektarbeit. Präventionsprogramme wurden zunehmend standardisiert. Präventionsforschung und Projektevaluationen bekamen eine größere Bedeutung.

Als Ergänzung zu diesen Leitkonzepten muss aktuell das Konzept des „policy mix" hinzugefügt werden. Es besagt, dass eine wirkungsvolle und kohärente Suchtprävention die personenbezogenen und die gesellschaftlichen und strukturellen Bedingungen gleichermaßen berücksichtigt. Das Ineinandergreifen von Verhaltensprävention und Verhältnisprävention wird zurzeit von den Experten der Suchtprävention einhellig gefordert und hier weiter beschrieben.

Alle hier benannten Konzepte finden auch heute mehr oder weniger Anwendung. Unter Beachtung der Zielgruppen, der Substanzen, der Settings und der beabsichtigten Zielerreichung haben die unterschiedlichen Konzepte durchaus ihre Berechtigung.

Handlungsfelder von Suchtprävention

Die Ziele der Suchtprävention werden in der Bielefelder Erklärung[4] und in einer Stellungnahme[5] der Deutschen Hauptstelle für Suchtfragen (DHS) beschrieben. Fünf Punkte lassen sich herauskristallisieren:

---

[4] DHS, Bielefelder Erklärung 2005, Fundstelle: http://www.dhs.de/fileadmin/user_upload/pdf/dhs_stellungsnahmen/bielefelder_erklaerung.pdf

[5] DHS, Qualitätsanforderungen in der Suchtprävention 2007, Fundstelle: http://www.dhs.de/fileadmin/user_upload/pdf/Arbeitsfeld_Pr%C3%A4vention/Qualitaetsanforderungen_in_der_Suchtpraevention_2007.pdf

1. Konsumbeginn verhindern,
2. Konsumbeginn verzögern,
3. risikoarmen Konsum fördern,
4. riskanten Konsum frühzeitig erkennen,
5. annehmbare Ausstiegshilfen anbieten.

Um diese Ziele zu erreichen, müssen insbesondere die zwei Grundbereiche *Verhaltens-* und *Verhältnisprävention* angemessen aufeinander abgestimmt werden. Die *Verhaltensprävention* bezieht sich auf alle Maßnahmen, die auf das individuelle Verhalten beziehungsweise eine Verhaltensänderung einer Person oder Personengruppen abzielen. Das können Informationskampagnen ebenso sein wie Schulprojekte zu Information zu Suchtmitteln verbunden mit Lebenskompetenzprogrammen.

„Lebenskompetent ist nach Definition der WHO (1994) diejenige Person, die sich selbst kennt und mag, empathisch ist, kritisch und kreativ denkt, kommunizieren und Beziehungen knüpfen und aufrechterhalten kann, durchdachte Entscheidungen trifft, erfolgreich Probleme löst und Gefühle und Stress bewältigen kann." (Bühler, Kröger 2006)

Die Verhaltensprävention soll die Menschen kompetent machen im Umgang mit Suchtsubstanzen. Konkret bedeutet dies, dass individuelle Schutzfaktoren (Bengel u.a. 2006) und Resilienzen (BAG Kinderschutz-Zentren e.V. 2006) gestärkt werden und weitere protektive Faktoren aufgebaut werden. Gleichzeitig müssen Risikofaktoren erkannt und vermindert werden. Die Vermittlung von Risikokompetenz (Barsch 2002) und Risikobegleitung sind ebenfalls Elemente der Verhaltensprävention. All diese Konzepte müssen auf die jeweiligen, zu erreichenden Zielgruppen[6] abgestimmt sein. Die Hauptzielgruppe, die die größte Aufmerksamkeit in der Suchtprävention erfährt, sind Kinder und Jugendliche. Dabei sollten sich suchtpräventive Anstrengungen besonders an Kinder aus suchtbelasteten Familien wenden und an riskant konsumierende und bereits auffällig gewordene Jugendliche sowie Jugendliche mit besonderen psychosozialen Belastungen. Aber auch Erwachsene gehören zur Zielgruppe der Suchtprävention. Besonders zu nennen sind riskant konsumierende Personen mit bereits vorhandenen körperlichen Folgeschäden und mit psychosozialen

[6] vgl.: Landesstelle für Suchtfragen Baden-Württemberg, Positionspapier Suchtprävention, 2008, S. 9

Entwicklungsbelastungen, alte Menschen aufgrund von gewohnheitsmäßigem Dauerkonsum und straffällig gewordene Personen, deren Straftat in Zusammenhang mit Suchtmitteln (legal oder illegal) stand.

Eine ausgesprochen bedeutsame Zielgruppe der Suchtprävention sind sogenannte *Multiplikatoren*. Da Suchtprävention eine gesellschaftliche und pädagogische Querschnittsaufgabe ist, sind Fachkräfte außerhalb der „Sucht-Profession" wesentliche Stützen bei der Initiierung, Etablierung und Aufrechterhaltung von präventiv wirkenden Verhältnissen. Will beispielsweise eine Schule, eine Kita oder ein Jugendhaus bewusst gesundheitsfördernde und suchtpräventive Bedingungen schaffen, so ist der Einbezug aller beteiligten Fachkräfte und je nach Einrichtung auch der Eltern erforderlich. Wenn die Leitung und die Mitarbeiter/innen der Einrichtung von Ihrer Überzeugung und Haltung her präventive Botschaften und Bedingungen nicht mittragen, verpufft eine Initiierung und wird kaum nachhaltig Bestand haben. Daher ist die Qualifizierung von Multiplikatoren ein wichtiger Bestandteil der Suchtprävention. In diesem Punkt treffen sich die Verhaltensprävention und die Verhältnisprävention. Die persönliche Haltung der Fachkräfte führt zu verbesserten Verhältnissen.

Die *Verhältnisprävention* zielt auf strukturelle Maßnahmen ab. Sie soll „auf eine gesundheitsfördernde Lebensumwelt von Kindern, Jugendlichen und Erwachsenen unter besonderer Berücksichtigung der sozioökonomischen Lebensbedingungen" [7] hinwirken. Sie nimmt Einfluss auf Politik und Gesetzgebung mit der Zielrichtung der Verringerung der Verfügbarkeit von Suchtmitteln und soll suchtgefährdende Lebens- und Arbeitsbedingungen transparent machen. Dies können gesetzliche Regelungen sein wie zum Beispiel die Promillegrenze beim Straßenverkehr, Altersbegrenzungen und Jugendschutz, Verkaufsverbote oder generelle Verbote (illegale Substanzen), Verschreibungspflicht für Medikamente oder Einfluss auf die Preise durch Steuern. Aber auch Institutionen, Betriebe oder Kommunen können verhältnispräventiv wirken, indem sie konsumreduzierende Maßnahmen umsetzen. Beispiele hierfür wären Rauchverbot in öffentlichen Gebäuden, Verbot von Alkoholkonsum am Arbeitsplatz, die zur Zeit umstrittenen „Alkoholverbotszonen" in Städten oder kommunale Vereinsförderungen gekoppelt an die Verpflichtung zur Suchtprävention. Durch Verhältnisprävention sollen die Verfügbarkeit von Suchtsubstanzen und

[7] KIGGS-Studie 2007; Gesamtbericht www.kiggs.de; Nach der Studie erweist sich ein niedriger sozioökonomischer Status als Risikofaktor für psychische Erkrankung aus.

dadurch der Konsum steuerbar werden. Der Nachweis zur Wirksamkeit solcher struktureller Maßnahmen ist zumindest in Bezug auf Alkoholprävention durch die Präventionsforschung erbracht (Barbor 2005).

Die wichtigsten Bereiche, in denen Suchtprävention umgesetzt wird, sind demnach:

- Schulen
- Kinder- und Jugendhilfe und Jugendarbeit
- Familien
- Krankenhäuser und andere stationäre Einrichtungen des Gesundheitswesens
- ambulante und stationäre Altenhilfe[8]
- Betriebe
- Strafwesen
- Städte, Gemeinden, Kommunen
- Öffentlichkeit
- Politiker/innen, Gesetzgeber

Innerhalb der beiden Grundbereiche Verhaltens- und Verhältnisprävention ist die Suchtprävention aufgeteilt in *universelle, selektive* und *indizierte Prävention. Universelle Prävention* bezieht sich auf die Gesamtbevölkerung. Hierunter sind Kampagnen zu verstehen, wie sie zum Beispiel von der BZgA[9] oder der DHS[10] auf Bundesebene durchgeführt werden. Aber auch auf Landesebene[11], in Städten, Kommunen und Einrichtungen[12] können universelle Maßnahmen in Form von Aktionen und Projekten durchgeführt werden. Die Verhältnisprävention ist, sofern sie nicht Strukturen für eine ganz bestimmte, gefährdete Personengruppe schafft, prinzipiell auch der universellen Prävention zuzuordnen.

---

[8] http://drogenbeauftragte.de/drogen-und-sucht/suchtstoffuebergreifende-themen/alter-und-sucht.html; www.unabhaengig-im-alter.de

[9] „Kenn Dein Limit"-Kampagne zur Alkoholprävention: www.kenn-dein-limit.info; Internetgestützte Kampagne zur Cannabisprävention: https://www.quit-the-shit.net/qts/start.do; Kampagne zur Nikotinprävention: www.rauchfrei-info.de

Aktionswoche Alkohol: www.aktionswoche-alkohol.de; Kampagne „Sucht im Alter", www.unabhaengig-im-alter.de

[11] Z.B. Aktionstag zum Weltnichtrauchertag (31. Mai) von der Landesstelle für Suchtfragen Baden-Württemberg, 2010; oder Aktionstag Glücksspielsucht 29. September, Fachstelle Glücksspielsucht Baden-Württemberg, www.spass-statt-sucht.de

[12] Z.B. Selbsthilfetage in Krankenhäusern, Projektwochen in Schulen, Wettbewerbe von Firmen oder Krankenkassen o.ä.

Selektive Prävention richtet sich an bestimmte Personen oder Gruppen, die besonders gefährdet sind oder bereits ein auffälliges Konsumverhalten zeigen. Bekannte Beispiele hierfür sind Konzepte und Modelle wie FreD[13], HaLT[14], SKOLL[15] oder „realize it“[16]. Diese Programme haben, je nach Personenkreis, eine Nähe zur indizierten Prävention. Die selektive Prävention ist auch eine Form der Früherkennung von psychosozialen Belastungen und deren Folgen und möglichen Suchtgefahren. Hier helfen Verfahren zur psychosozialen Diagnostik bei einer Einschätzung im Hinblick auf Suchtgefährdung. Als Instrument zur Erkennung des Gefährdungspotentials bei suchtmittelkonsumierenden Jugendlichen liegt beispielsweise der Kurztest „RAFFT-Alkohol“ und RAFFT-Drogen“ (Laging 2005) vor. Hier wird mit fünf einfachen Fragestellungen eine Vorabeinschätzung der Suchtgefährdung diagnostiziert.
Ebenfalls zur selektiven Prävention zählen Angebote, die sich an bestimmte Risikogruppen wenden, auch wenn noch keine Gefährdungsanzeichen erkennbar sind. Die wichtigste Zielgruppe in dieser Hinsicht sind Kinder (und Jugendliche) aus suchtbelasteten Familien. Kinder aus diesem Umfeld haben „eine höhere Vulnerabilität gegenüber Verhaltens- und Erlebensstörungen“ (Klein 2005) sowie ein stark erhöhtes Risiko, selber eine Sucht und psychische Belastungsstörungen zu entwickeln. Zahlreiche Suchtberatungsstellen bieten Gruppenangebote für solche Kinder und Jugendliche an.

Unter *indizierte Prävention* versteht man solche Maßnahmen oder Interventionen, die Personen anspricht, bei denen bereits ein missbräuchlicher Konsum von Suchtsubstanzen und negative Folgeerscheinungen erkennbar sind. Hierunter lassen sich die sogenannten Konsiliar- oder Liaisondienste einordnen. Darunter ist eine aufsuchende Beratung der Suchthilfe in Krankenhäusern, in Justizvollzugsanstalten, in Einrichtungen der Wohnungslosenhilfe o.ä. zu verstehen. Mittels Information, Beratung und motivierenden Impulsen (Miller, Rollnick 2009) soll eine Motivation zur Verhaltensänderung aufgebaut werden und ggf. zu einer längerfristigen Beratung oder Therapie vermittelt werden.

---

[13] Info: http://www.lwl.org/LWL/Jugend/lwl_ks/Projekte_KS1/FreD/
[14] Info: www.halt-projekt.de
[15] Info: www.skoll.de
[16] Info: www.realize-it.org

Spezifische Methoden und Konzepte

Als Grundprinzip der Suchtprävention gilt, dass die Maßnahmen, Projekte oder Interventionen folgende Kriterien zu berücksichtigen haben[17]:

- personenbezogene Ebenen und Gefahren,
- Information über Substanzen auf die jeweilige Zielgruppe abgestimmt,
- lebensweltbezogene Maßnahmen,
- geschlechtsspezifische Bedingungen,
- kulturelle und interkulturelle Zusammenhänge und Wirkfaktoren,
- sozio-ökonomische Bedingungen sowie besondere soziale Belastungen,
- Familienorientierung als übergreifendes Handlungsprinzip,
- die strukturelle und öffentliche Ebene.

Für die Akzeptanz von Präventionskonzepten kommt der Beteiligung und Mitgestaltung durch die jeweilige Zielgruppe eine hohe Bedeutung zu. Um die Partizipation von Zielgruppen zu fördern, sind vermehrt Empowermentstrategien einzusetzen. Insbesondere für Jugendliche müssen psychologisch fundierte, interaktionsorientierte Maßnahmen Beachtung finden. Als geeigneter Ansatz bietet sich das Motivationsmodell menschlicher Bedürfnisse (Petermann, Roth 2006) an. Danach sind suchtpräventive Maßnahmen in dem Maße wirkungsvoll, wie sie die Bedürfnisse nach Orientierung, Wohlbefinden, Bindung und die Aufrechterhaltung des Selbstwertgefühls erfüllen.

Die unvermeidliche Zielgruppen- und Lebensweltorientierung wird am ehesten durch den *Setting-Ansatz* erreicht. Er gilt als Schlüsselstrategie und wird heute in fast allen Förderprogrammen[18] zur Suchtprävention als Konzept eingefordert. Grundannahme ist es, dass die sozialen Systeme (z.B. Familien, Schule, Betrieb, Kommune etc.) und das äußere Umfeld Einfluss ausüben auf die Gesundheit beziehungsweise das gesundheitliche

---

[17] Vgl.: Landesstelle für Suchtfragen Baden-Württemberg, Positionspapier Suchtprävention 2008, S.12

[18] Z. B. Förderung der GKV (Gesetzliche Krankenversicherung) nach § 20 SGB V; vergl.: Leitfaden Prävention GKV: http://www.gkv-spitzenverband.de/upload/GKV_Leitfaden_Pr%C3%A4vention_RZ_web4_2011_15702.pdf ; z.B. Förderung durch Stiftungen, BMG (Bundesministerium für Gesundheit) oder Landesförderungen;

Verhalten. Der Setting-Ansatz soll also in die Wirkungsfelder Umwelt und Lebensbedingungen eingreifen, um darüber positiven Einfluss auf gesundheitsrelevante Bedingungen und Verhaltensweisen nehmen zu können. Besonders sozial benachteiligte Gruppen sollen adressiert werden. Wenn beispielsweise eine Schule oder ein Betrieb eine suchtpräventive Maßnahme durchführt, die sich auf Substanzinformation und Trainingseinheiten zur sozialen Kompetenz beschränkt, so kann man noch nicht von einem Setting-Ansatz sprechen. Erst wenn die Einrichtung selbst mit ihren Bedingungen und Strukturen ebenfalls Ziel von Veränderungen wird, kann man von einem Setting-Ansatz sprechen. In einem Betrieb könnte das zum Beispiel bedeuten, dass Stress verursachende Faktoren erkannt und verändert werden, dass klare und kontrollierbare Regeln für den Umgang mit Suchtmitteln entwickelt werden, dass gesundheitsfördernde Programme, die mit den Arbeitszeiten kompatibel sind, angeboten werden oder ein Gesundheitszirkel (oder Gesundheitsmanagement) standardisiert wird.
Es gilt aber auch umgekehrt, dass dem Setting-Ansatz nicht Genüge getan wird, wenn von einer Einrichtung lediglich eine Verordnung oder Regel erlassen wird. Im Bereich Schule ist die Einführung der „Rauchfreien Schule" ein gutes Beispiel dafür. Erst wenn eine solche Strukturmaßnahme verbunden wird mit Aufklärung aller Beteiligten und interaktiven Methoden als Anreiz zur persönlichen Auseinandersetzung oder mit dem Angebot von Rauchstopp-Programmen, kann man von der Umsetzung des Setting-Ansatzes sprechen. Solche komplexen Entwicklungen bedürfen einer längerfristigen Planung und gelingen dann am ehesten, wenn sie von einer entsprechend qualifizierten Person (z.B. Präventionsfachkraft einer Beratungsstelle) oder einem qualifizierten Team begleitet und koordiniert werden. Die Qualifikation besteht in dem Wissen um suchtpräventive Inhalte, der Anwendung von angemessenen Methoden der Wissensvermittlung und einem hohen Maß an Kooperations-Know-how.

Die Bedeutung der Multiplikatoren/innen hängt unmittelbar mit dem hohen Stellenwert von *Kooperation und Vernetzung* in der Suchtprävention zusammen. Kooperation dient der besseren Erreichbarkeit von gefährdeten Zielgruppen, dem Aufbau von dauerhaften Präventionsstrukturen, einem gemeinsamen Präventionsverständnis und einer besseren Kenntnis über die Konzepte und Angebote der unterschiedlichen Einrichtungen. Kooperation und Vernetzung dürfen nicht nur als anlassbezogener Kontakt verstanden werden, sondern müssen als professionelles Handeln verbindlich zum Berufsbild in der Suchtprävention gehören. Entsprechend müssen Methoden und Konzepte aus dem Bereich des Kooperationsmanagements für die Soziale Arbeit (Seckinger, van Santen 2003) in die Suchtprävention einfließen.

Ganz wichtige Partner für die Einrichtungen der Suchtprävention[19] sind

- Schulen und deren Gremien (Elternbeiräte, Schulkonferenz etc.),
- Einrichtungen der Jugendhilfe,
- Einrichtungen der Erwachsenenbildung,
- Arztpraxen und Krankenhäuser,
- Selbsthilfeverbände,
- Ordnungsbehörden (z.B. Polizei, Gesundheitsämter),
- Betriebe und deren Sozialdienste oder medizinischen Dienste,
- Vereine und Verbände im Freizeitbereich,
- Funktionsträger aus Politik und Gesellschaft.

Praxisbeispiele

Universelle Prävention: Neue Festkultur (Baden-Württemberg)

Die „Neue Festkultur"[20] ist ein universelles Präventions-Konzept, das auf die Rahmenbedingungen und Strukturen von Festen und Partys einwirken will. Angesiedelt ist es auf der kommunalen oder der Landkreisebene. Initiiert wurde das Konzept im Landkreis Sigmaringen in einer Kooperation von Suchtberatung, der Jugendagentur des Landratsamts und der Polizei. Ziel der Initiative ist es, die regionale und traditionelle Festkultur bei Veranstaltungen in Kooperation mit den Festveranstaltern wieder mehr in den Blick zu rücken, um den zunehmend konsumorientierten – besonders Alkoholkonsum – Veranstaltungen etwas entgegenzusetzen. Jugendschutz und die Verhinderung von Alkoholmissbrauch und Missbrauch anderer Drogen werden gezielt durch Schulung von Personal und einer standardisierten Selbstverpflichtung (Eckpunktepapier 2010[21]) der Veranstalter umgesetzt. Die Bewegung „Neue Festkultur" hat eine „Gemeinsame Leitlinie für eine neue Festkultur" entwickelt. Dieser Leitlinie haben sich in

[19] vgl.: Landesstelle für Suchtfragen Baden-Württemberg, Positionspapier Suchtprävention 2008, S. 14

[20] Idee, Hintergründe, Standards, Verträge etc.: www.fairfest.de

[21] www.fairfest.de

Baden-Württemberg mittlerweile 14 Landkreise mit der Unterschrift des Landrats/der Landrätin verpflichtet und angeschlossen. Festveranstalter können mit dem Gütesiegel „Fairfest“ öffentlich kenntlich machen, dass sie sich dieser Idee verpflichten und entsprechend Verantwortung übernehmen. Zertifizierte Feste werden auf der Internetseite „Fairfest“ veröffentlicht. Dort können ebenfalls Erfahrungsberichte sowohl von Veranstaltern als auch von Festbesuchern abgegeben werde. Die Liste der sich verpflichtenden Festveranstalter zeigt einen Querschnitt durch die Freizeitkultur. Neben Musik- und Live Konzerten finden sich Schüler- und Abi-Partys, Karnevalsveranstaltungen, Sportfeste, Schützenfeste und öffentliche Feste anderer Freizeitvereine.

Weitere Beispiele für universelle Prävention:

- BZgA Kampagne „Kenn dein Limit“
- BZgA Kampagne „Rauchfrei“
- Bundesweites Konzept für Schulen „be smart – don’t start“

Selektive Prävention: HaLT – Hart am Limit

Das Konzept HaLT[22] ist ein substanzbezogenes (Alkohol) Gesamtkonzept zur Erreichung Jugendlicher und junger Erwachsener, die mit Alkoholmissbrauch auffallen. Das Konzept setzt sich aus verhaltens- und verhältnispräventiven Bestandteilen zusammen.
Der verhaltenspräventive Teil – auch reaktiver Baustein genannt, „zielt darauf ab, Kinder und Jugendliche mit riskantem Alkoholkonsum, insbesondere im Zusammenhang mit schweren Alkoholintoxikationen, frühzeitig innerhalb eines niederschwelligen Angebots zur Reflexion ihrer Konsumgewohnheiten zu motivieren.“[23] Der Baustein setzt sich zusammen aus einem aufsuchenden Erstkontakt zur Beratung (Brückengespräch), einem Elterngespräch, einem sogenannten Risikocheck im Kontext von Gruppensitzung und einem Abschlussgespräch. Dabei kann es zu Überleitungen zu weitergehenden Hilfen kommen. Wichtige Kooperationspartner für diesen Ansatz sind die Krankenhäuser.
Der verhältnispräventive Teil – auch proaktiver Baustein genannt, hat zum Ziel, durch Netzwerkarbeit eine „Kultur des Hinsehens“ zu entwickeln.

---

[22] www.halt-projekte.de
[23] Bundesmodellprojekt HaLT – Handbuch – Alkoholprävention bei Kindern und Jugendlichen; Villa-Schöpflin (Hrsg.), Lörrach, 2007

Wichtige Netzwerkpartner sind Schulen, Festveranstalter, Elternverbände, Gaststätten, Einzelhandel, Diskotheken. Es wird im regionalen Umfeld dafür geworben beziehungsweise es werden verbindliche Vereinbarungen anvisiert, um einen konsequenten Jugendschutz in der Region umzusetzen. Hierzu werden Multiplikatoren wie Lehrer/innen, aber auch Eltern und beispielsweise Verkaufspersonal geschult. Mittels Öffentlichkeitsarbeit soll eine Sensibilisierung und Aufmerksamkeit bezüglich der gesundheitlichen Gefahren und des persönlichen Risikos von Alkoholmissbrauch erreicht werden.
Das HaLT-Konzept wurde bereits in seiner Pilotphase evaluiert mit einem positiven Wirksamkeitsergebnis. Im Verlauf der Praxiserfahrung mit diesem Ansatz wurden mittlerweile Standards entwickelt, die für die Umsetzung des HaLT-Konzepts verbindlich sind. Alle Praxisunterlagen werden auf einer zentralen Internetseite[24] für Anwender/innen zur Verfügung gestellt.

Weitere Beispiele für selektive Prävention:

- Bundesmodellprojekt ESCapade[25] – Familienorientiertes Interventionsprogramm für Jugendliche mit problematischer PC oder Internetnutzung
- FreD[26] – Frühintervention bei erstauffälligen Drogenkonsumenten/innen
- SKOLL[27] – Selbstkontrolltraining, ein suchtmittelübergreifender Ansatz zur Frühintervention bei Jugendlichen und jungen Erwachsenen

Indizierte Prävention: CANDIS

CANDIS[28] ist ein substanzspezifisches, verhaltenstherapeutisch-orientiertes Programm für Jugendliche ab 16 Jahren und Erwachsene, die einen problematischen Cannabiskonsum aufweisen. Es basiert auf Psychoedukation und gestaltet sich in drei Modulen: der Motivationsförderung und -stabilisierung, der kognitiv-behavioralen Therapie und einem psychosozialen Problemlösetraining. Kernelemente des Programms sind:

---

[24] www.halt-projekte.de
[25] www.escapade-projekt.de
[26] www.fred.de
[27] www.skoll.de
[28] www.candis-projekt.de

- Förderung der Veränderungsmotivation,
- Erkennen und Verstehen der eigenen Konsummuster,
- Entwicklung von Veränderungsstrategien,
- Umgang mit Craving (starkes Verlangen nach Substanzkonsum),
- Entwicklung von Problemlösungsstrategien,
- Zusammenhang zwischen Cannabiskonsum und anderen psychischen Störungen,
- Aufbau sozialer Kompetenzen.

Das CANDIS-Konzept wurde als Bundesmodellprojekt durchgeführt und mit positivem Ergebnis evaluiert. An zahlreichen Suchtberatungsstellen in Deutschland wird mittlerweile nach diesem Konzept gearbeitet.

Weitere Beispiele für indizierte Prävention:
- Liaison- und Konsiliardienste (Rumpf u.a.2003; Lang u.a. 2003)
- AFT - Aufsuchende Familientherapie[29], AG Drogen Pforzheim

Konzepte der indizierten Prävention haben eine große Nähe zu Therapiekonzepten, die der klassischen Sucht-Rehabilitation zuzuordnen sind. Sie unterscheiden sich dennoch durch Schwere der Problematik der Programmteilnehmer/innen, durch Dauer und Intensität und letztlich auch durch die finanzielle Zuständigkeit.

Ausblick und Entwicklung der Suchtprävention

Die SP hat sich in den letzten zehn Jahren durch den stärkeren Fokus auf die legalen Substanzen (Alkohol, Tabak, Medikamenten, Glücksspiel) erneut ausgedehnt in Richtung Gesundheitsförderung. Es geht nicht mehr nur ausschließlich um die Verhinderung von Abhängigkeit (Sucht), sondern ebenso um die Eindämmung des Substanzmissbrauchs und gesundheitsgefährdenden Konsumverhaltens[30]. Bei dieser Thematik stehen sich in der fachlichen Diskussion ganz besonders die Konzepte der Wirksamkeit der Verhältnisprävention (Barbor 2005) und die Drogenmündigkeit

[29] http://www.suchtfragen.de/landestagung/pdf/Stickel_Aufsuchende_Familienberatung.pdf; und http://www.agdrogen-pf.de/projekte.htm

[30] Beispielsweise wird die Reduzierung des Nikotinkonsums als allgemeines Gesundheitsziel in der nationalen und internationalen Gesundheitspolitik (WHO, EU, BRD) festgeschrieben (gesundheitsziele.de) In Baden-Württemberg wird im Rahmen der Gesundheitsstrategie das Gesundheitsziel sogar erweitert um alle legalen Suchtmittel.

(Barsch 2002), die hier für die Verhaltensprävention steht, gegenüber. Diese Kontroverse hat durchaus politischen Charakter. Denn die Verhältnisprävention, die auch Auswirkungen auf die Angebotsstruktur haben soll, wird verständlicherweise von den allermeisten Marktanbietern im legalen Bereich abgelehnt und entsprechend gegengesteuert. Hieraus lässt sich für die SP auch ein politischer Auftrag ableiten.

Gemeinde- und kommunenorientierte Ansätze werden an Bedeutung gewinnen. Dies hat zum einen damit zu tun, dass die Kommunen als Hauptfinanzierer der SP Gestaltungs- und Definitionsmacht beanspruchen. Es liegen aber zum anderen mittlerweile auch überzeugende und positiv evaluierte Konzepte für kommunale Ansätze vor, wie z. B. „Wegschauen ist keine Lösung“[31] im Landkreis Karlsruhe oder „Lokale Alkoholpolitik“ im Landkreis Rastatt. Diese Konzepte werden sich weiterentwickeln hin zu einer größeren Beteiligung des Gemeinwesens.

Ansätze der Inklusion werden ihre Auswirkungen auf die SP haben. Dies würde vermehrt zu Ansätzen von aufsuchender Arbeit führen. In diesem Zusammenhang müssen jedoch ethische Fragestellungen und Rechtfertigungen diskutiert werden. Konzepte der Früherkennung und Frühintervention, die die sogenannte „Geh-Struktur“[32] erkennen lassen, müssen als „fürsorgliche Belagerung“ (Dallmann 2011) auch kritisch hinterfragt werden.

Auch die Verbreitung des „Diversity Management“ in wirtschaftlichen und gesellschaftlichen Bereichen wird seine Spuren in der SP hinterlassen[33]. Der Vielfalt der Zielgruppen (Becker 2009) und Problemlagen muss Beachtung geschenkt und Respekt im Sinne von gleichberechtigt nebeneinander stehenden Lebensentwürfen entgegengebracht werden. Dies wird eine weitere Differenzierung der Konzepte und vor allem eine konsequente und institutionalisierte Zusammenarbeit unterschiedlicher Disziplinen und Institutionen erfordern.

---

[31] http://lebenpur.landkreis-karlsruhe.de/

[32] „Geh-Struktur“ als Gegenbegriff zu „Komm-Struktur“, was in der Beratungsarbeit dafür verwendet wird, das Hilfe- und Ratsuchende zur Beratungseinrichtung kommen müssen.

[33] www.infodrog.ch; Plattform für „Diversität in der Suchtarbeit“

Was auf jeden Fall als gesichert angesehen werden kann, dass ein angemessener „policy mix“ aus Verhaltens- und Verhältnisprävention auch in den nächsten Jahren „state of the art“ bleiben wird.

Zusammenfassend sollen die Komplexität und Disziplinvielfalt, die in der Suchtprävention zum Tragen kommen, anhand des Profils für Präventionsfachkräfte gezeigt werden[34]:
Die Verhaltensprävention ist im Kern eine pädagogische Aufgabe. Daraus ergibt sich die Notwendigkeit, dass ein pädagogischer Grundberuf die Voraussetzung zur Präventionsfachkraft sein sollte. Darüber hinaus sind für die Umsetzung von Früherkennung und Frühintervention (selektive Prävention) differenzierte Kenntnisse über mögliche Substanzgefährdungen und deren Diagnostik notwendig. Die Komplexität von Suchtprävention und das Ineinandergreifen von Verhaltens- und Verhältnisprävention erfordert jedoch darüber hinaus Kompetenzen und Kenntnisse im Bereich von Öffentlichkeitsarbeit, Erwachsenenbildung, Vernetzung und Kooperation, Planung- und Steuerungskompetenzen, Kenntnisse über kommunalpolitische Entscheidungsprozesse, Erschließung von Ressourcen – um nur die Wichtigsten zu benennen (FDR 2006). Selbstverständlich ist die Ausrichtung in diesen Bereichen an den aktuellen fachlichen Erkenntnissen der Präventionsforschung und -erfahrung zu orientieren.

Informationsquellen zur Suchtprävention:

www.dhs.de (umfangreiche Literaturdatenbank)
www.bzga.de (spezialisierte Internetseiten)
www.drogenbeauftragte.de(Bundesmodellprojekte)
www.tabakkontrolle.de (WHO Tabakprävention)

[34] Vergl.: Landesstelle für Suchtfragen Baden-Württemberg, Positionspapier Suchtprävention 2008, S. 16

Literatur:

BAG Kinderschutz-Zentren e.V. (Hrsg.): Frühe Hilfen – Zugänge schaffen, Hilfen gemeinsam gestalten, Resilienzfaktoren nutzen, Köln 2009

Barbor, T. et al.: Alkohol – Kein gewöhnliches Konsumgut, Hogrefe Verlag, Göttingen 2005

Barsch, Gundula: Von der Risikoprävention zur Drogenmündigkeit – ein Paradigmenwechsel. In: Kammerer u.a.; Zukunft der Suchtprävention, Suchtprävention der Zukunft, emwe-Verlag, Nürnberg 2002

Becker, Thomas: Wie ticken Jugendliche? Schlussfolgerungen für die Suchtprävention aus der Sinus-Jugendstudie. In: Krise als Chance, LWL-Koordinationsstelle Sucht, Forum Sucht, Band 42, Münster 2009

Bengel, J./ Menders-Lücking, F./ Rottmann, N.: Schutzfaktoren bei Kindern und Jugendlichen; BZgA – Forschung und Praxis der Gesundheitsförderung, Band 35, Köln 2009

Bühler, Kröger: Expertise zur Prävention des Substanzmissbrauchs, BZgA – Forschung und Praxis der Gesundheitsförderung, Band 29, Köln 2006

Dallmann, H.: „Fürsorgliche Belagerung" – ethische Dilemmata der Früherkennung und Frühintervention, Vortrag am 16. Juni 2011, Olten, Schweiz; Fundstelle: http://www.radix.ch/index.cfm/407D7544-F05A-2978-5CE76FA72019AE35/

FDR (Hrsg.): Grundlagen der Suchthilfe 2006, Texte Nr. 6 (S. 40–41)

Klein, M.: Kinder aus suchtbelasteten Familien. In: Thomasius,/Küstner; Familie und Sucht; Schattauer, Stuttgart 2005, S. 52–59

Laging, Prof. M., anlässlich eines Workshop der Landesstelle für Suchtfragen Baden-Württemberg zur Qualifizierung der Präventionsfachkräfte, 2009

Laging, Prof. M.; Assessment und Diagnostik in der sekundären Suchtprävention bei Jugendlichen. In: Prävention, 1/2005, Fachverlag Peter Sabo

Lang, P. /Marsen-Storz, G. /Rakete, G.: Kurzintervention bei Patienten mit Alkoholproblemen – Ein Beratungsleitfaden der BZgA für die ärztliche Praxis. In: Rumpf, Hüllinghorst (Hrsg.), Alkohol und Nikotin: Frühintervention, Akutbehandlung und politische Maßnahmen, Lambertus Verlag Freiburg 2003

Miller, W.R./Rollnick, S.: Motivierende Gesprächsführung, 3. Aufl., Lambertus Verlag Freiburg 2009

Petermann, H./ Roth, M.: Suchtprävention im Jugendalter – Interventionstheoretische Grundlagen und entwicklungspsychologische Perspektiven, Juventa, Weinheim u. München 2006

Rumpf, H.-J./ John, U./Hapke, U./ Meyer, C./ Bischof, G.: Identifizierung von Patienten mit Alkoholabhängigkeit, schädlichem Gebrauch oder riskantem Alkoholkonsum. In: Rumpf, Hüllinghorst (Hrsg.), Alkohol und Nikotin: Frühintervention, Akutbehandlung und politische Maßnahmen, Lambertus, Freiburg 2003

Seckinger, M./van Santen, E.: Kooperation: Mythos und Realität einer Praxis, Verlag Deutsches Jugendinstitut, München 2003, S. 333 ff

Niedrigschwellige und akzeptanzorientierte Drogenhilfe in einem Kontaktladen

Klaus Rieger

1 Sozialarbeit in der Niedrigschwelligen Drogenhilfe

Es existieren verschiedene Ansätze, Risiken des Drogenkonsums zu minimieren. Die meisten Staaten, darunter auch Deutschland, verfolgen eine repressive Prohibitionspolitik: Herstellung, Besitz und Handel mit illegalen Drogen sind im deutschen Betäubungsmittelgesetz (BtMG) grundsätzlich unter Strafe gestellt.

Der Konsum illegaler Drogen gilt als individuelles und soziales Problem, dem sich die Suchthilfe stellen muss. Ausschließlich abstinenzorientierte Konzepte und Strategien der Drogenarbeit haben sich in der Vergangenheit als nicht ausreichend tragfähig erwiesen, die negativen Auswirkungen des Konsums illegaler Drogen, insbesondere in sozialer Hinsicht, einzudämmen. Seit Ende der 1980er Jahre sind daher Konzepte und Institutionen der niedrigschwelligen und akzeptanzorientierten Drogenarbeit entstanden. Hierzu gehören unter anderem Notschlafstellen, Drogenkonsumräume und nicht zuletzt Kontaktläden.

In der Darstellung der Arbeit des Kontaktladens Offenburg als einer Einrichtung der niedrigschwelligen Drogenhilfe soll beispielhaft erläutert werden, wie sich diese sozialarbeiterische Aufgabe in der Praxis gestaltet.

1.1 Was ist niedrigschwellige Drogenhilfe?

Niedrigschwellige Drogenhilfe versteht sich als ein szenenahes und „akzeptierendes“ Unterstützungsangebot für drogenkonsumierende Menschen, das jedoch eng mit anderen Versorgungs- und Hilfseinrichtungen im sozialen Raum vernetzt ist. Auf eine Forderung nach sofortiger Verhaltensänderung (Einstellen oder Reduzieren des Konsums illegaler Drogen) wird bewusst verzichtet (daher „akzeptierend“). Die Hilfsangebote orientieren sich an den individuellen und sozialen Problemen dieser Gruppe

unter Berücksichtigung der Möglichkeiten und Ressourcen der Menschen. Körperliche, psychische und soziale Schädigungen, die sich aus dem Konsum illegaler Drogen ergeben können, sollen gelindert werden („harmreduction", im deutschen Fachjargon „Risikominimierung"). Niedrigschwellige Drogenarbeit hat die Aufgabe, Hilfen zum Überleben des Konsumenten bereitzustellen und bei der Bewältigung alltags- und drogengebrauchsbezogener Probleme unterstützend zu sein.
Voraussetzung dafür ist, dass der Nutzer eines Drogenhilfeangebotes möglichst wenige „Hemmschwellen" überwinden muss, um Zugang zu diesem Angebot zu finden. Aufgrund ihrer sozialen Lage und der strafrechtlichen Brisanz ihres Verhaltens sind Angst und Widerstand, institutionalisierte Hilfen anzunehmen, bei Drogenkonsumenten in der Regel stark ausgeprägt. Daher ist ein niedrigschwelliges Angebot von einem Arbeitsansatz geprägt, der auf die Freiwilligkeit der Nutzung, auf die Zusicherung der Anonymität und die Vermeidung der Forderung nach Verhaltensänderung setzt. Der Nutzer des niedrigschwelligen Angebotes wird als grundsätzlich zur Selbstverantwortung fähiger Mensch angesehen. Ihm wird – trotz gegensätzlicher gesetzlicher Bestimmungen – die autonome Entscheidung bezüglich seines Drogengebrauchs zugestanden.

1.2 Ziel- und Leistungskriterien einer niedrigschwelligen und akzeptanzorientierten Drogenhilfe

Die Drogenhilfe muss das Überleben des drogenkonsumierenden Menschen sichern! Dies ist oberstes Ziel des Unterstützungsangebotes. Hierzu gehören die gesundheitliche und psychosoziale Stabilisierung, aber auch die Verhinderung einer zunehmenden sozialen Desintegration.

Sehr wichtig ist die Verminderung des Infektionsrisikos beim intravenösen Drogengebrauch (Heroin). Hierzu gehören die Vermittlung von Techniken des „Safer Use" (Information über die Risiken des Drogengebrauchs und Aufzeigen von alternativen, weniger riskanten Konsumformen u.a.). Das Angebot beinhaltet die individuelle Beratung und Betreuung und die Vermittlung in weiterführende ambulante, stationäre und suchttherapeutische Hilfen (Vermittlung in stationäre Entgiftungseinrichtungen, Entwöhnungsbehandlungen, Substitution u.v.m.), wenn dies der Konsument wünscht.

Der Konsument erhält auch Unterstützung bei der individuellen Herauslösung aus der Drogenszene. Hierzu gehören insbesondere auch tagesstrukturierende Maßnahmen.

Nicht unerwähnt soll bleiben, dass alle Maßnahmen und Angebote der Drogenhilfe auch zu einer Reduzierung der Belastung der Öffentlichkeit durch konsumbezogene Verhaltensweisen führen können (z.B. Spritzenfunde, öffentliches Konsumgeschehen / Szenebildung, kriminelle Verhaltensauffälligkeiten ...). Dies wird jedoch nicht als Hauptaufgabe des niedrigschwelligen Angebotes verstanden, obwohl dies oft Anspruch der Kostenträger ist und die Akzeptanz dieser Einrichtungen durch das Gemeinwesen insbesondere begründet.

1.3 Angebote einer niedrigschwelligen und akzeptanzorientierten Drogenhilfe

Orientiert am Inhalt und Ziel des niedrigschwelligen Ansatzes ergibt sich in der Praxis eine breite Palette differenzierter Angebote:

- Die Schaffung von Aufenthalts- und Treffmöglichkeiten für Drogengebraucher (Notschlafstellen, Drogenkonsumräume und insbesondere Kontaktläden mit einem Angebot praktischer Alltagshilfen, psychosozialen Hilfestellungen und das physische Überleben sichernden Hilfen);
- medizinische Akutversorgung (Wundversorgung, Abszesse etc.) und ggf. Vermittlung in ärztliche Behandlung;
- Beratung und Hilfe bei Partnerschafts- und familiären Problemen;
- Hilfe zur Alltagsorganisation und Freizeitgestaltung, Angebote für tagesstrukturierende Maßnahmen;
- Angebote zur Vermeidung von Inhaftierungen (beispielsweise die Schaffung von Möglichkeiten, statt der Verbüßung von Ersatzfreiheitsstrafen einer Arbeitsauflage nachkommen zu können);
- Krisenintervention;
- Unterstützung von Selbstorganisationsbestrebungen und autonomer Selbsthilfegruppen;
- Sozial- und gesellschaftspolitische Parteinahme für die Klientel (Öffentlichkeitsarbeit);

- Streetwork als psychosoziale und gesundheitsbezogene Arbeit im als „Straße“ bezeichneten sozialen Raum;
- aufsuchende Arbeit in Kliniken und Gefängnissen.

Nicht alle aufgezählten Angebote werden überall in der niedrigschwelligen Drogenhilfe angeboten, letztlich hängt das vom Standort, der weiteren sozialen Infrastruktur und den Ressourcen der Einrichtung ab. Das Angebot versteht sich nicht als Konkurrenz zur abstinenzorientierten Einrichtung, sondern als notwendige zusätzliche Hilfe. Emotionale Unterstützung in Form von Einfühlungsvermögen, Offenheit, Vertrauen, Verständnis, Akzeptanz, Verschwiegenheit und besonderer Respekt sind dabei kennzeichnend. Durch das niedrigschwellige Angebot soll die Wahlfreiheit zwischen den verschiedenen Hilfsangeboten geschaffen werden.

2 Der Kontaktladen Offenburg als niedrigschwelliges und akzeptanzorientiertes Angebot der Drogenhilfe

Im August 1994 gründete sich in Offenburg im Ortenaukreis der Verein „Offenburger Drogenhilfe e.V.“. Gründungsmitglieder waren Interessierte aus Offenburg, Sozialarbeiter und Ärzte, die sich zur Zielsetzung machten, eine niedrigschwellige Anlaufstelle (Kontaktladen) zu schaffen, um gegenüber dem etablierten, abstinenzorientierten Hilfsangebot (Jugend- und Drogenberatung u.a.) im Kreis und der Stadt eine Ergänzung und Alternative für Drogenkonsumenten zu etablieren. Ausgangspunkt war die Beobachtung, dass viele Drogenkonsumenten die vorhandenen Angebote nicht wahrnehmen konnten oder wollten.

Mit Unterstützung von Stadt und Landkreis wurde im Mai 1996 der Kontaktladen in Offenburg eröffnet. Seit November 2000 befindet sich der Kontaktladen in der Stadtmitte Offenburgs.

Acht Jahre nach Gründung des Vereins und nach sechs Jahren Trägerschaft durch ehrenamtlich Aktive beschloss der Vorstand, einen größeren Träger zu suchen, um die Arbeit langfristig zu sichern. Im Dezember 2003 schlugen die Stadt und der Ortenaukreis eine Trägerschaft der AGJ Freiburg, einem Fachverband der Caritas, vor, die dann zum 1. Juli 2004 realisiert werden konnte.

Im Kontaktladen arbeiten heute vier Sozialarbeiter, die sich insgesamt 3,0 Fachkraftstellen teilen. Hinzu kommen eine Köchin und eine Reinigungskraft.
Stetig wachsende Besucherzahlen sind seit Inbetriebnahme des Kontaktladens zu verzeichnen. 2010 besuchten im Durchschnitt täglich 94 Personen die Einrichtung. Hiervon waren 83 Prozent Männer. Die überwiegende Mehrheit der Besucherinnen und Besucher ist über 28 Jahre alt und Konsumenten harter illegaler Drogen (Heroin). Meist leben die Besucher von Leistungen nach dem SGB II.

Der Kontaktladen versteht sich auch unter kirchlicher Trägerschaft als niedrigschwelliges Hilfsangebot und dem akzeptanzorientierten Ansatz verpflichtet. Dabei orientiert er sich am Leitbild der katholischen Kirche und des Caritasverbandes und setzt sich für das Recht und die Würde des (drogenkonsumierenden) Menschen ein.

2.1 Der Kontaktladen als Teil des Suchthilfesystems in der Stadt Offenburg

Der Kontaktladen Offenburg arbeitet als wichtiger Teil im System der Drogenhilfe eng mit allen Hilfsangeboten zusammen und ist somit Teil eines Netzwerkes. Besonders wichtige Kooperationspartner sind hierbei die Jugend- und Drogenberatungsstelle und die substituierenden Ärzte, aber auch Entgiftungs- und Therapieeinrichtungen. Selbstverständlich besteht außerdem eine Zusammenarbeit mit Institutionen, mit denen unsere Klientel Kontakt hat. Hierzu gehören Behörden (Kommunale Arbeitsförderung, Sozialamt, Jugendamt, Justizbehörden, Polizei, JVA u.v.a.), aber auch Einrichtungen der Wohnungslosenhilfe, karitative Einrichtungen und andere Institutionen des Suchhilfeverbundes der Stadt und des Kreises.

2.2 Angebote im Kontaktladen Offenburg

Zu den zentralen Aufgaben des Kontaktladens gehören sowohl die individuelle als auch die gesellschaftliche Schadensbegrenzung. Zielsetzung des Handelns ist die Reduzierung von sozialem, physischem und psychischem Schaden, die Vermeidung von Notfällen und die Verbesserung der Lebenssituation drogenkonsumierender Menschen. Dieser Ansatz unterstützt die (Wieder-)Herstellung von Autonomie und Selbststeuerungsfähigkeit

(Empowerment), verbunden mit dem Abbau der „Opfer- und Klientenrolle“ in der Selbst- und Fremdwahrnehmung. Die Angebote umfassen im Einzelnen:

„(Schon-)Raum“ für Drogengebrauchende/Drogenabhängige harter illegaler Drogen
Hierzu bieten wir ein „Kontaktladencafé“ an, das jeden Werktag von 10.00 bis 14.00 Uhr geöffnet ist. Das Café bietet den Besuchern die Möglichkeit, sich unverbindlich in unseren Räumen zu treffen, ein günstiges Essen und günstige Getränke zu sich zu nehmen, mit anderen Besuchern zu sprechen, zu spielen, die Tageszeitung zu lesen, Wäsche zu waschen, einen Internetzugang zu nutzen. Um einen geregelten Ablauf zu sichern, aber auch um den Besucher selbst zu schützen, bestehen wir lediglich auf Einhaltung unserer Hausordnung. Diese beinhaltet das Grundprinzip, dass der Konsum und der Handel mit illegalen Drogen im Kontaktladen untersagt sind. Hierzu gehört auch ein Alkoholverbot im Kontaktladen. Außerdem sind die Ausübung von Gewalt und die Gewaltandrohung im Kontaktladen verboten. Die absolute Mehrheit der Besucher akzeptiert diese Hausordnung und hält sich auch daran. Verstöße gegen die Hausordnung beinhalten im Einzelfall dennoch meist den Versuch des Konsums oder Handels mit Drogen im Café. Dies versuchen wir durch Aufsicht und Aufklärung zu verhindern. Im Einzelfall kann es dennoch notwendig sein, bei groben Verstößen ein vorübergehendes Hausverbot auszusprechen. Dieses Hausverbot bezieht sich dann allerdings auf den Besuch des Cafés. Der sanktionierte Besucher hat weiterhin die Möglichkeit, im Rahmen eines Gesprächsangebotes außerhalb der Öffnungszeiten Hilfe und Unterstützung zu finden. Wir unterstellen jedem Besucher prinzipiell die Möglichkeit und die Fähigkeit, für das eigene Handeln, Reden und Unterlassen selbst die Verantwortung zu tragen, dennoch sehen wir die Pflicht zur Intervention, wenn dieses Handeln das Recht und die Freiheit des anderen gefährdet. So kommt es immer wieder vor, dass ein Besucher unter extremem Drogeneinfluss, fremdgefährdend oder selbstgefährdet und vielleicht sogar in Lebensgefahr, keine Verantwortung mehr für sich selbst tragen kann. In diesen Fällen ist es selbstverständlich, dass durch die Benachrichtigung etwa des Notarztes Gefahr für den Besucher abgewendet wird.

Individuelles Gesprächs- und Beratungsangebot

Nicht nur während des Cafébetriebes, sondern auch außerhalb der regulären Öffnungszeiten können die Besucher nach Absprache Kontakt mit uns aufnehmen. In diesen Einzelgesprächen muss der Drogenkonsum nicht im Vordergrund stehen. Der Klient bestimmt selbst den Gesprächsinhalt. Oft geht es um alltägliche Sorgen und Nöte, wie etwa die Durchsetzung finanzieller Ansprüche, die Unterstützung bei familiären, sozialen, rechtlichen oder gesundheitlichen Problemlagen. Wünscht der Besucher weiterführende Beratung, so ist selbstverständlich auch die Vermittlung in eine Substitutionsbehandlung, in Entgiftungseinrichtungen oder in ambulante oder stationäre Entwöhnungsbehandlung möglich. Eine große Zahl von Besuchern wird substituiert, in der Regel in der Schwerpunktpraxis Offenburg. Die vorgeschriebene psychosoziale Begleitung wird im Kontaktladen angeboten, wobei der Klient selbst seinen Drogenberater bestimmen kann. Wichtig bei diesem Gesprächs- und Betreuungsangebot ist, dass der Besucher selbst entscheidet, ob er das Angebot annehmen möchte. Die Praxis zeigt, dass die überwiegende Zahl der Besucher „irgendwann" diesen Zugang findet und selbst den Kontakt zum Drogenberater sucht. Es besteht nicht der Anspruch, dass sich der Besucher als Drogenkonsument „outet" oder einen Wunsch nach Abstinenz äußert. Es ist dabei auffällig, dass die meisten Drogenkonsumenten den Wunsch nach Abstinenz formulieren. Allerdings bestehen in der Regel massive Ängste und Selbstzweifel, ob dieses Ziel jemals realisiert werden kann. Wir bieten die Möglichkeit, über diese Ängste zu sprechen und individuelle Lösungsansätze zu entwickeln. Auch dies baut Vorurteile gegenüber der professionellen Drogenhilfe ab und ermöglicht so auch einen Zugang zum gesamten Spektrum der Drogenhilfe.

Essensangebot

Viele Drogenkonsumenten sind aufgrund ihrer langjährigen Drogenkarriere und nach dem exzessiven (Misch-)Konsum harter Drogen gesundheitlich schwer geschädigt. Um die physischen Schäden der Drogenkonsumenten aufzufangen, bieten wir u.a. Essensangebote an. Mindestens dreimal in der Woche gibt es ein billiges und „gesundes" Essen, das sich in der Regel jeder Besucher leisten kann. Ein Mittagessen kostet zwei Euro. Im Einzelfall gilt das Prinzip, dass auch ein Besucher, der kein Geld hat, in den Genuss dieses Angebotes kommen kann. Das Essensangebot wird sehr gut angenommen, da viele Besucher selbst nicht in der Lage sind, eine regelmäßige Nahrungsaufnahme sicherzustellen. Auch dies ist ein Grund dafür, dass viele Drogenkonsumenten in einem körperlich sehr schlechten Zustand sind. Die Getränke, die täglich ausgegeben werden, kosten 50 Cent, wobei ein Getränk, meist Tee, kostenlos angeboten wird.

Spritzentausch und Hygiene
Es besteht im Kontaktladen die Möglichkeit, benutzte Spritzen gegen neue gratis einzutauschen. Damit soll gewährleistet werden, dass Drogenkonsumenten nicht aus finanziellen Gründen eine Spritze mehrfach benutzen, denn dies ist oft Ursache von gefährlichen Infektionskrankheiten. Die Tatsache, dass durch den Spritzentausch auch das Risiko sinkt, dass benutzte Spritzen unbedacht in der Öffentlichkeit „entsorgt" werden, ist ein positiver Nebeneffekt. Die Kondomvergabe ist ebenfalls ein Beitrag zur gesundheitlichen Vorsorge. Hinzu kommt die Möglichkeit, die Waschmaschine der Einrichtung zu nutzen, aber auch durch die Bereitstellung von zahlreichen Informationsmaterialien (Safer-Use, Safer-Sex etc.) wichtige Erkenntnisse zur Verminderung von gesundheitlichen Risiken zu gewinnen. Außerdem werden Verbandsmaterialien zur Verfügung gestellt (Wundversorgung) und selbstverständlich auch im Bedarfsfalle Vermittlungen zur ärztlichen Behandlung angeboten.

2.3 Beispiele aus der täglichen Praxis

Im Folgenden soll mit einer Fallschilderung deutlich gemacht werden, mit welchen Problemlagen und Situationen Drogenberater im Kontaktladen alltäglich konfrontiert sind.

2.3.1 Der Kontaktladen als Aufenthalts- und Treffmöglichkeit für Drogenkonsumenten

Wie bereits geschildert, besuchen ca. 90 Besucher täglich den Kontaktladen – und nahezu täglich werden „neue" und noch unbekannte Besucher registriert.

So auch heute. Der neue Besucher ist nach unserer Schätzung ca. 35 Jahre alt. Am Küchentresen bestellt er sich einen Kaffee und setzt sich dann an einen Tisch zu anderen Besuchern. Offensichtlich ist er in der Szene bekannt, denn wir bemerken, dass er zahlreiche Besucher gut kennt. Im Laufe der nächsten Tage stellen wir fest, dass der neue Besucher nun regelmäßig das Kontaktladencafé besucht. Bisher hat er aber noch keinen persönlichen Kontakt mit uns aufgenommen.

Wir vermeiden, neue Besucher sofort direkt anzusprechen und versuchen so zu signalisieren, dass der Besucher selbst darüber entscheidet, ob und wann er einen persönlichen Kontakt zu uns aufnehmen möchte. Dies unterstreicht auch die Freiwilligkeit des Angebotes. Selbstverständlich werden neue Besucher aber herzlich begrüßt und bei Bedarf auch auf die Angebote und Regeln der Einrichtung hingewiesen.

Dies ändert sich, als er schließlich kurz vor Schließung der Einrichtung mich anspricht und mich um Ausgabe von mehreren Insulinspritzen bittet. Bei dieser Gelegenheit frage ich ihn freundlich nach seinem Namen. Er heißt Franz und kommt aus Offenburg. Er berichtet, dass er nun schon seit einigen Tagen in den Kontaktladen kommt. Er finde es gut, dass hier ein Essen angeboten wird. Außerdem finde er die Getränkepreise in Ordnung, den Besuch in einem öffentlichen Café könne er sich in seiner finanziellen Lage ohnehin nicht leisten. Ich stelle mich kurz vor und informiere Franz darüber, dass er, wenn er dies einmal möchte, jederzeit mit mir oder einem meiner Mitarbeiter sprechen könne. Ich gebe ihm einen kleinen Überblick über die Angebote des Kontaktladens und ich stelle dabei klar, dass unsere Einrichtung das Grundprinzip hat, dass jeder Besucher selbst bestimmen kann, ob er ein Angebot des Kontaktladens wahrnehmen möchte oder nicht.

Bei der Ausgabe von Spritzen und Kanülen gehen wir sehr großzügig vor. Um gesundheitliche Risiken zu vermindern, erhält auch ein Besucher eine Spritze, wenn er erst auch einmal keine alte zum Tausch dabei hat. Hierbei gehen wir von dem Gedanken aus, dass der Besucher über die Möglichkeit der Abgabe von gebrauchten Fixerutensilien informiert werden muss. Dabei geben wir auch Informationen, wie wichtig die Einhaltung von Grundprinzipien der Gesundheitsfürsorge ist (Safer-Use).

Einige Tage später fällt mir auf, dass Franz offensichtlich versucht, im Kontaktladen Drogen zu verkaufen. Ich spreche ihn darauf an und kann damit den „Deal“ verhindern. Ich erkläre ihm, dass es im Kontaktladen eine Hausordnung gibt, die den Konsum und den Handel von illegalen Drogen verbietet. Dabei lege ich Wert darauf zu erläutern, weshalb es diese Regelung geben muss. Im Gespräch mit Franz gelingt es mir darzulegen, dass der Kontaktladen in seinem Fortbestand gefährdet wäre, wenn wir den Konsum und Handel nicht unterbinden würden. Außerdem weise ich darauf hin, dass diese Regelung auch zum Schutz der Besucher ist, denn die meisten Besucher sehen im Kontaktladen einen Schonraum, in dem sie auch nicht zum Konsum von illegalen Drogen animiert werden möchten. Ich habe den Eindruck, dass Franz diese Regelung versteht und er sagt mir unaufgefordert zu, dass er zukünftig dieses Verbot beachten werde. Er habe dies einfach nicht gewusst, aber die Regelung nun verstanden und akzeptiert.

Die Einhaltung der Hausordnung ist auch im niedrigschwelligen Kontaktladen Grundvoraussetzung für den Betrieb der Einrichtung. Die Tatsache, dass die Hausordnung für jeden Besucher und selbstverständlich auch für die Mitarbeiter verpflichtend ist, schützt die Existenz der Einrichtung, denn selbstverständlich haben auch in einem Kontaktladen die geltenden Gesetzte und Bestimmungen ihre Gültigkeit.

Etwa zwei Monate später ist Franz quasi „Stammbesucher" im Kontaktladen. Uns fällt auf, dass Franz nahezu täglich mehrmals Spritzen tauscht. Er selbst berichtet, dass er seit Jahren Heroin konsumiere und außerdem auch noch verschiedene, auf dem illegalen Markt beschaffte Medikamente nehme. Er tauscht fünf Insulinspritzen ein und verlässt den Kontaktladen für etwa 30 Minuten. Danach kommt er zurück und setzt sich an einen Tisch. Nach wenigen Minuten fällt uns auf, dass Franz ganz offensichtlich unter akutem Drogeneinfluss steht. Immer wieder fällt ihm die Zigarette aus der Hand, er droht mehrfach vom Stuhl zu rutschen und schläft immer wieder ein. Ich mache die anderen Mitarbeiter auf dieses Verhalten aufmerksam und weise darauf hin, dass es sein kann, dass Franz eine zu hohe Menge an Drogen konsumiert haben könnte. Dies bedeutet, dass wir durch ständige Beobachtung sicherstellen müssen, dass er noch ansprechbar ist und ihm nichts passieren kann. Nachdem Franz erneut in sich zusammen sinkt, spreche ich ihn an und frage, wie er sich fühlt. Franz richtet sich sofort auf und betont, dass er sich völlig „fit" fühle. Er sei ansprechbar, habe nur schlecht geschlafen und sei daher sehr müde. Ich sage ihm, dass ich mir Sorgen um ihn mache und befürchte, dass ihm etwas passieren könnte. Ich stelle klar, dass ich mich für ihn verantwortlich fühle, wenn er im Moment selbst nicht mehr in der Lage sei, die Verantwortung für sich zu übernehmen. Im akuten Notfall sehe ich mich verpflichtet, einen Arzt hinzuzuziehen. Dies lehnt Franz ab und er erklärt mir, dass er auf keinen Fall in ein Krankenhaus gehen würde. Er könne sehr wohl selbst entscheiden, ob und wann er medizinische Hilfe in Anspruch nehmen müsse. Dies akzeptiere ich, dennoch beobachte ich ihn weiter. Ich befürchte eine Überdosierung und bin mir darüber im Klaren, welche lebensgefährliche Notsituation dadurch für ihn entstehen kann.

Zwar besteht das Prinzip, dass jeder Besucher für sich selbst die Verantwortung tragen kann, dennoch ist klar, dass es Ausnahmesituationen geben kann, in denen der Drogenkonsument seine aktuelle physische Situation nicht richtig einschätzen kann.

Wenige Minuten später verliert Franz erneut die Kontrolle über sich und rutscht von seinem Stuhl. In diesem Moment treffe ich zum Schutze von ihm die Entscheidung, sofort den Notfalldienst zu informieren. Wir versorgen den Klienten bis zum Eintreffen des Notarztes. Zwar hat Franz das Bewusstsein wieder erlangt, der Notarzt besteht jedoch auf der sofortigen Verbringung in das Krankenhaus. Nach anfänglichem Weigern gelingt es mir, Franz von der Notwendigkeit einer vorübergehenden stationären Untersuchung im Krankenhaus zu überzeugen. Franz wird in das Krankenhaus verbracht, dem Arzt gegenüber kann ich keine weiteren Angaben machen; die Personalien von Franz sind mir nicht bekannt, da er bisher keine Einzelgespräche mit uns geführt hat. Auch die Frage nach dem aktuellen Drogenkonsum heute kann ich nicht beantworten. Schon eine Stunde später kommt Franz aus dem Krankenhaus zurück. Er berichtet. dass er dort kurz untersucht worden sei und das Krankenhaus auf „eigene Verantwortung“ verlassen habe. Er macht mir den Vorwurf, ich habe „überreagiert“ – den Notarzt hätte ich in seinem Falle nicht benachrichtigen müssen. Er habe weiterhin „alles im Griff“. Er verlangt die Ausgabe von weiteren Insulinspritzen und kündigt an, dass er in den nächsten Tagen gerne einmal mit mir sprechen würde. Er habe Probleme mit der Beantragung der SGB II-Leistungen. Ich biete ihm an, dass er morgen gerne kommen könne. Danach verlässt Franz den Kontaktladen. Es ist 14.00 Uhr und wir schließen ...

2.3.2 Sozialarbeiterische Einzelfallhilfe und Krisenintervention

Täglich nehmen Besucher des Kontaktladens die Möglichkeit in Anspruch, jederzeit während der Café-Öffnungszeiten ein Einzelgespräch mit einem Drogenberater führen zu können. Im Bedarfsfalle gibt es diese Möglichkeit auch außerhalb der Öffnungszeiten, bei persönlichen Krisen selbstverständlich auch ohne einen zuvor vereinbarten Termin. Ansonsten ist bei einem Gesprächswunsch außerhalb der Öffnungszeiten eine Terminvereinbarung notwendig. Allerdings ist nur ein begrenzter Teil der Besucher in der Lage, diese vereinbarten Termine pünktlich und zuverlässig einzuhalten. Wird der Termin nicht eingehalten, so kann jederzeit erneut ein Termin vereinbart werden. Die Einhaltung der Termine ist für den Drogenberater verpflichtend. Die Besucher erwarten zu Recht von uns als Mitarbeiter die Verlässlichkeit, auch wenn sie selbst vielleicht (vorübergehend) hierzu nicht in der Lage sind.

Tatsächlich spricht mich heute Franz an und bittet um ein Einzelgespräch. In unserem Besprechungszimmer berichtet er mir, dass er schon seit mehreren Wochen keinerlei Bezüge von der Kommunalen Arbeitsförderung (SGB II - Leistungen) erhalte. Er habe versäumt, den Antrag auf „Hartz IV" erneut zu stellen. Außerdem habe er einen Strafbefehl über 1.000 Euro wegen Diebstahl (Beschaffungskriminalität) bekommen. Die Strafe könne er nicht bezahlen und er habe Angst, inhaftiert zu werden. Gemeinsam mit Franz fülle ich den Antrag auf SGB II -Leistungen aus. Dabei erfahre ich nun einige wichtige Daten über den Besucher. Im Anschluss daran befassen wir uns mit dem Strafbefehl. Wir stellen schnell fest, dass der Strafbefehl rechtskräftig geworden ist und bereits eine Ersatzfreiheitsstrafe angedroht wurde. Auf Wunsch des Klienten nehme ich Kontakt mit dem zuständigen Gericht auf und es gelingt mir, einen Strafaufschub zu erwirken. Die Kooperation mit den juristischen Behörden ist seit Jahren sehr gut und allein die Tatsache, dass Franz von uns betreut wird führt dazu, dass die zuständige Behörde „einlenkt". Mit der Sozialen Rechtspflege kläre ich telefonisch einen Antrag auf Umwandlung der Geldstrafe in eine „gerichtliche Arbeitsauflage". Franz kann nun, wie viele andere Besucher, die gemeinnützige Arbeit im Kontaktladen ableisten. Er zeigt sich sehr erleichtert und bedankt sich für die Hilfeleistung. Dann erzählt er von seiner Drogenkarriere. Er habe bereits vor Jahren einmal eine stationäre Entwöhnungsbehandlung in einer Therapieeinrichtung gemacht. Diese habe er nach zwei Monaten abgebrochen. Eine Therapie mache er nie wieder. Auch Entgiftungen habe er mehrfach gemacht, aber auch dies wolle er im Moment keinesfalls. Ich informiere ihn darüber, dass es in Offenburg die Möglichkeit einer Substitutionsbehandlung gibt. Er bittet mich, die notwendige Anmeldung zur Behandlung zu veranlassen. Nach einer Wartezeit wird Franz in der Schwerpunktpraxis aufgenommen und auf Wunsch des Klienten übernehme ich die vorgeschriebene psychosoziale Begleitung.

Eine sofortige Aufnahme in die Substitutionsbehandlung war nicht möglich, da auch heute noch das Angebot an Substitutionsplätzen nicht ausreicht. Im kontinuierlichen Austausch mit anderen Institutionen der Suchthilfe in Stadt und Kreis arbeiten wir kooperativ an der Verbesserung dieser

Situation, auch in dem wir in der Öffentlichkeit und bei den politischen Meinungsträgern parteilich die Bedürfnisse unserer Klienten vertreten.

Wir vereinbaren vierzehntägige Beratungs- und Betreuungsgespräche. Franz entbindet mich von meiner Schweigepflicht gegenüber dem substituierenden Arzt. Dabei stelle ich klar, dass ich Gespräche über ihn dennoch nur in seinem Wissen und in Absprache mit ihm mit dem Arzt führen werde und ich informiere ihn darüber, dass er die Möglichkeit hat, im Rahmen eines „Dreiergesprächs" mit dem Arzt und mir gemeinsam zu sprechen. Wenige Tage später treffe ich mich im Rahmen von wöchentlichen Kooperationsgesprächen mit dem leitenden Arzt der Schwerpunktpraxis, der mich offiziell über den Substitutionsbeginn informiert.

Nachdem Franz über ein Jahr lang substituiert wird, nach einer Phase mit immer wieder auftretendem Beikonsum (illegaler Drogen), verläuft die Substitutionsbehandlung sehr gut. Franz bekommt täglich 8ml Methadon. Begleitend zur Substitution erfolgt auch eine hausärztliche Begleitung und Betreuung. Die physische Befindlichkeit des Klienten hat sich erheblich verbessert. In zahlreichen Einzelgesprächen habe ich inzwischen viele Details aus dem Leben und dem Werdegang von Franz erfahren – und auch er hat mich im Laufe der Zeit auch näher kennen gelernt. Unsere Beziehung erscheint gut und stabil. Er beschreibt Hoffnungen, Ziele und Ängste, die ihn schon seit langer Zeit beschäftigen.

Er berichtet, dass er den Wunsch, irgendwann in seinem Leben einmal ohne Drogen leben zu wollen, noch nicht aus den Augen verloren habe. Eine erneute Therapie könne er sich momentan weiter nicht vorstellen, zu groß seien Ängste vor dem „Normal-Sein", vor einem Leben ganz ohne Drogen, allein auf sich gestellt, mit der „Realität des Lebens" konfrontiert. Vorerst wolle er die Substitutionsbehandlung fortsetzen. Sein erstes Ziel sei, endlich in die „take-home" - Regelung übernommen zu werden. Dann bekomme er das Methadon mit und müsse nur noch einmal in der Woche zur Abgabe in die Praxis. Dies gäbe ihm mehr Freiraum und mehr Möglichkeiten, eigenverantwortlich zu leben. Ich sage ihm meine Unterstützung zu. Außerdem wolle er sich endlich wieder um einen Arbeitsplatz bemühen. Ich versichere, ihn bei der Erstellung entsprechender Bewerbungsunterlagen zu unterstützen und wir vereinbaren einen individuellen Gesprächstermin außerhalb der Öffnungszeiten, damit wir beide in „Ruhe" und ohne ständige Unterbrechungen während den Öffnungszeiten sprechen können.

In unserer wöchentlichen Teambesprechung, an der alle Drogenberater teilnehmen, stelle ich den bisher erfreulichen Verlauf der Betreuung von Franz vor. Wenige Tage später wird Franz erneut rückfällig. Er hat Heroin und Amphetamine konsumiert. Im Rahmen der Urinkontrollen in der Schwerpunktpraxis konnte dies zweifellos festgestellt werden. Franz berichtet mir von dem Rückfall und betont, dass ihn sein „Versagen" sehr belaste. Ich versuche ihm den Mut zu machen, sich selbst eine „neue Chance" zu geben.
In unserer wöchentlichen Teambesprechung finde ich im intensiven Austausch mit meinen Kollegen selbst die Kraft und Überzeugung, dass es mir gelungen ist, mit Franz eine Beziehung aufzubauen. Sie ist Grundvoraussetzung dafür, weiter Unterstützung und Hilfe bieten zu können. Franz und ich fangen neu an ...

Die Vermittlung in eine Substitutionsbehandlung, aber auch die Vermittlung in eine Entgiftungs- oder Entwöhnungsbehandlung gehört zu den klassischen Aufgaben des Kontaktladens. Der Drogenkonsument als mündiger Mensch entscheidet jedoch selbst, ob und wann er dieses individuelle Ziel anstreben möchte. Vom Drogenberater muss dies so akzeptiert werden, obwohl wir immer wieder damit konfrontiert werden, dass Drogenkonsumenten nicht in der Lage sind, ihr Konsumverhalten positiv zu ändern. Dies kann zu inneren Konflikten, aber auch zu Versagensgefühlen des professionellen Betreuers führen. Hier ist der persönliche Austausch sehr wichtig. Immer wieder aber auch die Auseinandersetzung mit den theoretischen Grundlagen unserer Arbeit: Hilfsangebote müssen sich stets an der individuellen Situation und an den persönlichen Ressourcen des Klienten orientieren. Erfolg der Arbeit misst sich an diesem Prinzip. Erfolg heißt, täglich an der persönlichen Beziehung zum Klienten zu arbeiten.

3 Fazit

Niedrigschwellige und akzeptanzorientierte Drogenhilfe, beispielsweise durch das Angebot der Kontaktläden, stellt eine notwendige Alternative zum abstinenzorientierten Angebot der Suchthilfe dar. Beide Ansätze sollen nicht konkurrieren, vielmehr sollen sie sich zum Wohle der Klientel ergänzen.
Wie jeder Mensch muss auch der Drogenkonsument in seiner Würde geachtet werden. Er darf nicht auf seinen Drogenkonsum reduziert werden;

auch er ist ein Mensch mit Stärken, Schwächen, Vorlieben, Ängsten, Erwartungen und Bedürfnissen. Der Drogenkonsum macht einen Teil seiner Persönlichkeit aus, aber er determiniert ihn nicht in allen Belangen und er rechtfertigt nicht, dass dem Drogenkonsumenten das Recht auf Selbstbestimmung im Rahmen geltender Gesetze und die Möglichkeit eigenverantwortlichen Handelns abgesprochen werden darf. Er benötigt ein individualisiertes sozialarbeiterisches Angebot, das an seinen Bedürfnissen und Möglichkeiten ausgerichtet sein muss. Hilfe darf nicht als maßregelnde und fremdbestimmende Maßnahme angelegt sein, sondern sie muss geprägt sein von der Achtung der menschlichen Würde und einem respektvollem Umgang mit dem Hilfebedürftigen.

Den Kontaktläden als Einrichtungen der niedrigschwelligen und akzeptanzorientierten Drogenhilfe gebührt dabei eine wichtige und zentrale Bedeutung. Neben den individuellen Hilfen obliegt ihnen die Aufgabe, im gesellschaftlichen Raum Position für die (drogenkonsumierenden) Menschen zu beziehen und deren Interessen einer gerechten Teilhabe zu vertreten. Eine Aufgabe, deren Inhalte und Handlungsansätze immer wieder neu reflektiert und an der Lebensrealität der Betroffenen orientiert werden müssen. Unverzichtbar dabei ist das Grundprinzip, dass sozialarbeiterische Hilfe immer eine intensive und stabile Beziehung zum Klienten voraussetzt.

Literatur:

Jahresberichte des Kontaktladens Offenburg des AGJ-Fachverbands Freiburg e.V. 2006–2010

Böllinger L./Stöver, H./Fietzek, L.: Drogenpraxis, Drogenrecht, Drogenpolitik, Frankfurt/M. 1995

Akzept/DAH (Hrsg.): Leitlinien der akzeptierenden Drogenarbeit. In: Materialien Nr. 3, Januar 1999

Schmidt, T.: (Un-)Kontrolliert – Selbstkontrolle und Drogen. Anmerkungen zu einem Kongress in Utrecht/NL. In: Akzeptanz 1/1997, S.87–89.

Scheerer, S./Vogt, I. (Hrsg.): Drogen und Drogenpolitik – ein Handbuch. 1989

van Treeck, B.: Drogen- und Suchtlexikon Lexikon, Berlin 2003

Schneider, W.: Akzeptanzorientierte Drogenarbeit, 2005

Schneider, W.: Leitlinien akzeptanzorientierter Drogenhilfe und menschenwürdiger Drogenpolitik, 1995

Steffan, W.: Streetwork in der Drogenszene. Freiburg 1988
http://de.wikipedia.org/wiki/Niedrigschwellig
DHS Jahrbuch Sucht 1994

Ambulante Suchthilfe in Psychosozialen Beratungsstellen

Ulrike Preuß-Ruf

1 Einleitung

Sucht ist ein multifaktorielles Phänomen mit vielen bio-psychosozialen Wechselwirkungen. Entsprechend bewegt sich die Arbeit einer Suchtberatungsstelle im Spannungsfeld zwischen Medizin, Psychotherapie und Sozialarbeit, was auch abzulesen ist an der etwas sperrigen Bezeichnung als „Psychosoziale Beratungs- und ambulante Behandlungsstelle für Suchtgefährdete und Suchtkranke", abgekürzt meist als „PSB".

Im Folgenden soll die Suchtberatungsstelle als Arbeitsfeld der Sozialen Arbeit vorgestellt werden. Zunächst werden die Aufgaben und Angebote beschrieben, die sich aus den Anforderungen der Kostenträger an eine PSB ergeben. Im Anschluss wird am Beispiel der Suchtberatungsstelle der Diakonie in Bietigheim dargestellt, wie ein umfassendes Case-Management-Konzept die Schwerpunktsetzung und Ausdifferenzierung des Angebots prägen kann.

In einem weiteren Schritt werden die Aufgaben eines Sozialarbeiters/ -pädagogen in der Suchtberatung differenziert in die Rolle des Beraters und die des Case Managers. Für beide Aufgabenbereiche werden konkrete Methoden vorgestellt.

2 Anforderungen der Kostenträger an eine Suchtberatungsstelle

Wie von *Abstein* (in diesem Buch) dargestellt, setzt sich die Finanzierung einer PSB aus den variablen Teilen Eigenmittelfinanzierung, öffentlichen Zuwendungen und Elementen einer Leistungsfinanzierung (nach SGB V und VI) zusammen.

Öffentliche Zuschüsse

Die öffentliche Finanzierung der PSB-Arbeit wird in der Regel hauptsächlich finanziell getragen durch das jeweilige Bundesland und die jeweils zuständigen Kommunen im Rahmen der sozialen und gesundheitlichen Daseinsvorsorge. Die PSB-Arbeit muss sich an den entsprechenden Aufträgen und Anforderungen orientieren. Besonders prägend ist in Baden-Württemberg die Verwaltungsvorschrift (2008) des Landes für die PSB-Förderung.

Danach muss die PSB in ein „kommunales Suchthilfenetzwerk" eingebunden sein und hat folgende Pflichtaufgaben:

- Auskunft und Beratung: Allgemein fungiert eine PSB als Erstanlaufstelle und Clearingstelle für alle Menschen, die Fragen und Anliegen im Hinblick auf ein Suchtproblem haben. Teilweise gibt es Spezialisierungen von Suchtberatungsstellen, zum Beispiel reine Beratungsstellen für Drogenabhängige.
- Vermittlung, zum Beispiel in Suchtrehabilitationsmaßnahmen oder in Hilfen zur beruflichen Eingliederung sowie Unterstützung und Vorbereitung solcher Maßnahmen.
- Ambulante Behandlung auf der Grundlage eines Hilfeplans.
- Betreuung, zum Beispiel für Drogenabhängige in ärztlicher Substitutionsbehandlung.
- Nachsorge nach einer Reha Maßnahme mit dem Ziel einer umfassenden psychischen, sozialen und beruflichen Rehabilitation
- Prävention in Arbeitsteilung mit anderen Anbietern im kommunalen Suchthilfenetzwerk.

Das Angebot ist freiwillig und kostenlos und es besteht Verschwiegenheit. Zum einen unterliegen die Mitarbeiter der Schweigepflicht nach § 203 StGB, zum anderen besteht im Hinblick auf die Beratung von Drogenabhängigen, die ja immer im Bereich der Illegalität agieren, auch ein Zeugnisverweigerungsrecht nach § 53 StPO.

Sozialversicherungsträger

Die PSB nimmt zum einen Aufgaben einer psychosozialen Grundversorgung wahr, auf der anderen Seite ist sie Teil des medizinischen Versorgungssystems mit den entsprechenden Kostenträgerstrukturen, Paradigmen und Anforderungen:

Für die Rehabilitationsbehandlung gelten die Rahmenbedingungen, die in der Vereinbarung „Abhängigkeitserkrankungen" (2001) und im Gemeinsamen Rahmenkonzept (2008) der Deutschen Rentenversicherung und der Gesetzlichen Krankenversicherung festgelegt sind.

Im Rahmen der Grundversorgung fungiert die PSB als Gutachterstelle für die Kostenträger im Hinblick auf eine Rehamaßnahme. Aufgabe der PSB ist es, im Auftrag der Kostenträger der Rehabilitation, das sind primär die Rentenversicherungsanstalten, ein psychosoziales Gutachten zu erstellen: den „Sozialbericht". Dieser enthält eine ausführliche Anamnese, eine Diagnose und einen begründeten Behandlungsvorschlag. Die Indikationsstellung erfolgt gemäß Vereinbarung „Abhängigkeitserkrankungen". Die PSB unterstützt Klienten bei der Antragstellung und schickt die gesammelten Antragspapiere an den Kostenträger. Schließlich bereitet sie die Klienten inhaltlich auf die Behandlung vor.

Sehr viele Suchtberatungsstellen bieten ambulante Rehabilitation an. Dazu müssen sie sich als Behandlungseinrichtung anerkennen lassen durch die Rentenversicherung auf Landes- und Bundesebene gemäß dem o.g. gemeinsamen Rahmenkonzept. Dies sieht zum Beispiel vor, dass die Behandlung unter der Leitung des Einrichtungsarztes stattfindet und dass die in der Reha tätigen Suchtberater über eine anerkannte sozial-/suchttherapeutische Zusatzqualifikation verfügen müssen (vgl. den Beitrag von *Frank* in diesem Buch).

Die öffentlichen Mittel für die Suchtberatung sind weitgehend Freiwilligkeitsleistungen. Suchtbehandlung (Entgiftung und Entwöhnung) hat inzwischen in den meisten Fällen klar definierte Rechtsgrundlagen für die Finanzierung. Um diese Finanzierung gibt es Konkurrenz, bei der ambulanten Reha von privaten Anbietern und von den Reha-Kliniken. Aber auch in der Grundversorgung ist die Rolle der PSBen nicht mehr konkurrenzlos; so gibt es Bestrebungen einiger Psychiatrien, deren psychiatrische Institutsambulanzen zu Erstanlaufstellen für Menschen mit Suchtproblemen zu machen. Es ist zunehmend für die PSBen eine Notwendigkeit, sich gegenüber Anbietern aus dem medizinischen Bereich zu profilieren, und zwar als Experten für einen ganzheitlichen Ansatz, in dem die soziale Perspektive eine gewichtige Rolle spielt. Dieser Ansatz sieht Sucht nicht nur als Krankheit, als ein persönliches Defizit, sondern richtet den Blick auf Ressourcen, soziale Wechselwirkungen, auf den Zugang zur sozialen Teilhabe und möchte den Klienten zum „Experten in eigener Sache" machen.

3 Case Management und die strukturellen Konsequenzen

Das Case Management-Konzept

Hier beziehe ich mich auf das Case-Management-Konzept von Wolf Rainer Wendt (2010). Unter Case Management wird die „zielgerichtete Steuerung von Unterstützungs-, Behandlungs- und anderen Versorgungsprozessen" (Wendt 2010, S. 123) verstanden. Case Management ist eine „Mehrebenenstrategie": methodisch, betrieblich, versorgungspolitisch (a.a.O, S. 7). Man unterscheidet also die übergeordnete Systemebene von der Methodenebene.

Case Management ist zum einen eine professionelle Methodik für den Handlungsablauf im Management des Einzelfalles, also die individuelle Fallführung. Diese wird gebraucht, wenn es um die Komplexität von Lebensproblemen und multiple Hilfebedarfe geht, bei längeren Hilfeverläufen, bei der Beteiligung mehrerer Dienste und Fachkräfte. Die Fragmentierung fachspezifischen Handelns und die Komplexität von Versorgungssystemen machen die Koordination und Übernahme quasi einer „Lotsenfunktion" erforderlich für das richtige Nacheinander und Miteinander (vgl. Wendt 2010, S.123f.). Bei einer einzelnen Beratung oder sozialer Nothilfe ist Case Management nicht erforderlich.

Diese Versorgungsgestaltung kann von einem einzelnen Beteiligten im Versorgungssystem nicht geleistet werden. Für verbindliches Handeln braucht es ein Netzwerk, in dem sich alle Beteiligten eine freiwillige Selbstverpflichtung zur Kooperation auferlegen und sich auf bestimmte Verfahrenswege und Aufgabenteilungen einigen. Case Management ist somit zum anderen auch ein Organisations- oder Systemkonzept (Wendt

2007, S. 29). Auf betrieblicher Ebene muss die Einrichtung die strukturellen Voraussetzungen für das Netzwerk- und Schnittstellenmanagement schaffen. Außerdem hat die Einrichtung mit dem Versorgungsauftrag für eine bestimmte Zielgruppe (z.B. Suchtkranke) auch eine „Feldverantwortung“. Sie „hat dafür Sorge zu tragen, dass der kategorial und territorial insgesamt vorhandene Bedarf angemessen abgedeckt wird“ (Wendt 2010, S. 37). Sie muss sich in die sozialraum- beziehungsweise gemeinwesenorientierte Versorgungssteuerung (Care Management) auf einer politischen Ebene einbringen.

Case Management als übergeordnetes Organisations-/Systemkonzept

Die Suchtberatungsstelle muss alle diese Ebenen abdecken:

1. Der einzelne Sozialarbeiter übernimmt die Fallführung.
2. Als Organisation muss die PSB die strukturellen Voraussetzungen für ein umfassendes Case Management schaffen.

Bis auf die eingangs genannten Landesrichtlinien gibt es in der Regel kaum spezifizierte und quantifizierte Versorgungsaufträge. Diese Freiheit beinhaltet Chance und Pflicht für eine PSB, den Gesamtbedarf und den eigenen Beitrag zur Gesamtversorgung in ihrem Zuständigkeitsbereich im Auge behalten. Die Reichweite („outreach“, vgl. Wendt 2010, S. 129ff.) und Erreichbarkeit einer Einrichtung werden beeinflusst zum Beispiel durch Geh-/Komm-Struktur, Wartezeiten sowie zeitliche und räumliche Erreichbarkeit.

Bestimmte Zielgruppen werden von den Suchtberatungsstellen bisher wenig erreicht: Menschen, die erst im Stadium der Suchtgefährdung sind, erreichen sie noch nicht. Chronifizierte Suchtkranke, die schon mehrere Behandlungen hinter sich haben, die aufgrund multipler psychosozialer Probleme erfolglos blieben, erreichen sie nicht mehr.
Eine PSB sollte ihr „outreach“ immer wieder überprüfen und den Zugang zur Grundversorgung möglichst niedrigschwellig halten.

Die PSB Bietigheim hat in den letzten Jahren im Rahmen der Grundversorgung ihre Kommstruktur um einige aufsuchende Angebote erweitert: In gemeinsamer Trägerschaft der PSBen von Diakonie und Caritas entstand

„Chillout“, eine aufsuchende Jugend- und Drogenberatung. Dieser Dienst kooperiert sehr eng mit dem Bildungssystem und Anbietern der Jugendhilfe im weitesten Sinne. Ein besonderes Projekt von Chillout ist das HaLT-Konzept, das sich bundesweit etabliert hat: In vertraglich vereinbarter Kooperation mit den Allgemeinkrankenhäusern suchen die Berater jugendliche Komatrinker für ein erstes Gespräch im Krankenhaus auf. Im Bietigheimer Krankenhaus werden wöchentlich Sprechstunden angeboten. Bis vor einigen Jahren gab es einen Konsiliardienst im Arbeitsamt.

Die Abstinenzorientierung der Suchthilfe hat sich als teilweise hohe Schwelle erwiesen. Deshalb öffnen sich die Suchtberatungsstellen zunehmend auch für zieloffene Angebote mit der Option einer Konsumreduktion. In der PSB Bietigheim wird dazu ein spezielles Gruppenprogramm angeboten.

Es entwickeln sich ständig neue Zielgruppen, die von den bestehenden Angeboten nicht angesprochen werden können: Zum Beispiel kamen in den 1990er Jahren viele Aussiedler aus der ehemaligen Sowjetunion in den Landkreis. Diese wiesen in hohem Maße Suchtprobleme auf, wurden aber aufgrund sprachlicher und auch kultureller Barrieren kaum von der Suchthilfe erreicht. Das änderte sich durch die Einstellung einer Psychologin aus Russland, die muttersprachliche und kultursensitive Angebote machen kann.
Das Internetzeitalter brachte neue Formen der Spielsucht und andere Formen von Medienabhängigkeit hervor. Hier galt es, neue Konzepte für die Erreichung und Beratung der Zielgruppe zu erarbeiten (vgl. hierzu den Beitrag von *Ziegler* in diesem Buch).

Bei vielen neuen Angeboten geht es im Sinne des Case Management auf der Ebene der Einrichtungsorganisation nicht nur um Bedarfsfeststellung und Konzeptentwicklung, sondern auch um die Erschließung der Mittel für die Durchführung. Im Bereich der Reha setzt sich die PSB Bietigheim schon seit vielen Jahren für die Etablierung und Differenzierung ambulanter Angebote ein, u. a. leistete sie Pionierarbeit bei der Entwicklung der integrativen ambulanten Kompakttherapie (IAK). Diese neue achtwöchige ambulante Behandlungsform verbindet einen Alkoholentzug mit einer kompakten Entwöhnungsbehandlung. Wesentliches Ziel dieser Maßnahme ist es, Menschen mit Alkoholproblemen durch ein passgenaues Angebot und einen Zugang über den Hausarzt früher zu erreichen. Für dieses Angebot mussten zwei sehr unterschiedliche Kostenträger gewonnen werden, nämlich die Deutsche Rentenversicherung Baden-Württemberg und die AOK Baden-Württemberg, deren Zuständigkeitsbereiche sonst streng getrennt sind. Das bedeutete für PSB und Kostenträger ein jahreslanges Ringen um eine gemeinsame Lösung.

Eine weitere wichtige strukturelle Voraussetzung für die Etablierung eines Case Managements ist der Aufbau von verbindlichen Netzwerken oder Verbünden. Im Sinne der Früherreichung muss eine strukturierte, verbindliche Kooperation aufgebaut werden mit den Einrichtungen und Personen, die Zugang zur Zielgruppe Suchtgefährdeter haben, also zum Beispiel Schulen, Jugendhilfe, Hausärzte. Wichtige Partner in der Versorgung von chronisch mehrfach beeinträchtigten Suchtkranken (CMA) sind u.a. Wohnungslosenhilfe, Jobcenter, Krankenhäuser, Hausärzte, Selbsthilfe und Sozialberatung.

Herr N. ist vom Jobcenter wegen einer Alkoholproblematik in die PSB geschickt worden. Er ist Arbeitslosengeld II-Empfänger, seit vier Jahren arbeitslos und lebt in einer städtischen Notunterkunft. Dort trinken alle Mitbewohner und es kommt häufig zu aggressiven Ausschreitungen. Er hat schon mehrere Reha-Behandlungen absolviert, die Kostenzusage für eine weitere ist nicht zu erwarten. Er selbst sieht eine Beschäftigung und eine „richtige" Unterkunft als Voraussetzung dafür, abstinent leben zu können und schildert seinen Teufelskreis: „Mit Sucht keine Arbeit, ohne Arbeit keine Wohnung, ohne Wohnung keine Arbeit". Die Hilfe müsste also auf mehreren Ebenen gleichzeitig ansetzen: Unterkunft, Beschäftigungsmaßnahme und therapeutische Begleitung durch die Suchtberatung. Die Angebote von Jobcenter, Wohnungslosenhilfe und Suchthilfe müssen koordiniert werden, die Hilfeschritte abgestimmt werden.

3. Das entsprechende Netzwerk- und Schnittstellenmanagement gehört zur Systemebene des Case Managements der PSB.

Es funktioniert aber nur im Rahmen eines Gesamtkonzepts der politischen Versorgungssteuerung auf Landes- und Kreisebene. „Dieses gegenseitige Bedingtsein von Fallführung und systemischer Ebene führte zu den aktuellen Versuchen, kommunale Suchthilfeverbünde zu entwickeln" (Baudis 2007, S. 15), in Baden-Württemberg Kommunale Suchthilfenetzwerke genannt. Das Land erlegt den Stadt- und Landkreisen auf, diese Netzwerke zu installieren, in denen in erster Linie die Suchthilfeeinrichtungen und die Kliniken kooperieren sollen. In diesen Verbünden haben sich per Vertrag die Anbieter von Suchthilfe und -behandlung mit den Kostenträgern zur verbindlichen Zusammenarbeit verpflichtet im Sinne einer freiwilligen Selbstverpflichtung, denn „eines ändert der Verbund nicht: Verantwortungs- und Machtstrukturen" (a.a.O., S. 17). In diesem Rahmen ist es Aufgabe der Suchtberatungsstellen, an der Suchthilfeplanung und Versorgungssteuerung im Landkreis mitzuwirken. Die Leitung der PSB Bietigheim wirkt mit im Steuerungsteam des Kommunalen Suchthilfeverbundes und des Aktionskreises Sucht.

4 Methoden der Sozialen Arbeit in der Suchtberatung

Prinzipien der Sozialen Arbeit

In der Suchtberatung kommen vielfältige Methoden der Sozialarbeit und der Psychotherapie verschiedener Schulen zum Einsatz. Ich möchte mit dem systemischen Ansatz und dem Case Management-Konzept in der Einzelfallhilfe zwei Methoden vorstellen, die einigen wichtigen Prinzipien der Sozialen Arbeit entsprechen: Ressourcenorientierung, Partizipation und Empowerment (Ritscher 2007, S.27ff.)

Ressourcenorientierung heißt, den Blick nicht auf die Defizite des Klienten zu lenken, sondern auf seine Stärken und guten Absichten, vermeintliche Störungen als Lösungsversuche in einem bestimmten Kontext zu verstehen.

Partizipation meint zum einen die Teilhabe an den gesellschaftlich-kulturellen Ressourcen, Entscheidungs- und Gestaltungsprozessen, zum anderen „auch Gestaltungs- und Entscheidungskompetenzen im Unterstützungssystem (z.B. über den Hilfeplan) und in der konkreten Begegnungssituation mit der Sozialarbeiterin" (Ritscher 2007, S.66).

Empowerment meint „die Adressatinnen zu bemächtigen, ihre Ressourcen für die eigenverantwortliche Gestaltung des Lebens im Allgemeinen und des Alltags im Besonderen zu entdecken und zu nutzen ... und dabei als Expertinnen für ihr Leben anerkannt zu werden" (a.a.O., S. 66). Das Konzept des Empowerment geht davon aus, „dass der Klient das Recht hat zu entscheiden, wann er Hilfe braucht, welche Art von Hilfe nützlich ist und wann sie nicht mehr gebraucht wird“ (Germain u. Gitterman, 1983, S. 45, zitiert nach Ritscher 2007, S.28).

Systemische Beratungsansätze

Für die Beratung im Rahmen der Grundversorgung brauchen Suchtberater eine methodische Ausstattung. Hier gibt es eine große Methodenvielfalt. Ich möchte den systemischen Ansatz vorstellen, da er nicht individuumzentriert arbeitet, sondern den sozialen Kontext mit in den Blick nimmt. Eine Methode, die sich ebenfalls als Methode der Sozialarbeit in der Suchtberatung sehr bewährt, ist die Motivierende Gesprächsführung, die an anderem Orte in diesem Buch vorgestellt wird (vgl. den Beitrag von *Frank*).

Auf der Basis von Familientherapie und der daraus entwickelten systemischen Therapie entstanden in den 1990er Jahren Konzepte zu einer Systemischen Sozialen Arbeit. Die systemischen und familientherapeutischen Methoden und Handlungsorientierungen wurden mit sozialarbeiterischen Methoden verbunden. Darüber hinaus wurde ein systemisches Metamodell der Sozialarbeit entwickelt, „mit dessen Hilfe eine multiperspektivische Beschreibung und Erklärung sozialer Wirklichkeiten angestrebt wird – quer zu klassischen Wissenschaftsdisziplinen wie Psychologie, Soziologie, Biologie oder Anthropologie“ (Ritscher 2007, S. 9).

Ein Gedankenexperiment (nach Simon 1990, S. 41ff.) fasst sehr anschaulich diese Grundideen in ein Bild: Stellen Sie sich vor, Sie haben noch nie etwas von Fußball gehört und kommen in ein Stadion, wo ein Fußballspiel in vollem Gange ist. Allerdings haben alle Spieler, Zuschauer und selbst der Ball Tarnkappen auf, die sie – nur für Sie alleine – unsichtbar machen. Sie sehen nur einen Mann mit Trillerpfeife. Der springt herum, fuchtelt mit den Armen, schreit, streckt verschiedene Karten in die Höhe. Sie könnten sein Verhalten ziemlich verrückt finden. Erst wenn alle Tarnkappen abgenommen werden und Sie sich mit der Zeit die Spielregeln erschließen, beginnt das Verhalten des Mannes Sinn zu machen.

Ich möchte anhand eines Fallbeispiels einige systemische Leitideen herausgreifen, die sich für die Suchtberatung als nützlich erwiesen haben.

Erstens ist der Beobachtungsrahmen für Beratung und Therapie nicht das Individuum, sondern das System, in dem es lebt, also zum Beispiel die Familie.

Frau B., 35 Jahre alt, ist schon lange in psychiatrischer Behandlung wegen einer Psychose und ist zusätzlich seit einigen Jahren heroinabhängig. Sie wurde substituiert und von ihrem Arzt in die PSB geschickt. Sie ist alleinerziehende Mutter einer achtjährigen Tochter und arbeitslos.

Das relevante soziale System lässt sich am besten herausfinden, indem man nach den Folgen des symptomatischen Verhaltens fragt.

Frage der Beraterin an Frau B: „Was hat sich in Ihrem Leben durch Ihre psychische Erkrankung und die Suchtproblematik verändert? Wer in Ihrem Umfeld ist am meisten betroffen von diesen Änderungen?“ Frau B. berichtet darauf, dass sie von Norddeutschland zurück in ihren Heimatort gezogen sei und nun wieder mit ihren Eltern unter einem Dach lebe. Sie habe sich durch beide Erkrankungen nur unzureichend um die Tochter kümmern können. Das hätten derzeit weitgehend die Eltern übernommen.

Es ist anzunehmen, dass die Herkunftsfamilie von Frau B. der Beobachtungsrahmen ist, in dem das symptomatische Verhalten verstehbar wird.

Eine weitere wichtige Leitidee ist die konstruktivistische Perspektive. Systemiker beziehen sich auf den radikalen Konstruktivismus, den der Philosoph Ernst von Glasersfeld begründet hat (v. Glasersfeld 1997). Der radikale Konstruktivismus geht davon aus, dass wir nie die absolute Wahrheit erfassen können, sondern dass wir uns aus den Informationen unserer Sinnesorgane von der Wirklichkeit in unserem Gehirn und in unseren Gedanken ein Bild erschaffen, quasi eine Landkarte dessen, was die Realität uns zu tun erlaubt, eine Wirklichkeitskonstruktion. Demnach bilden auch Diagnosen keine Wirklichkeit ab, sondern sind. Wirklichkeitskonstruktionen, vorläufige Hypothesen.

Probleme können entstehen durch problematische Wirklichkeitskonstruktionen, Selbstzuschreibungen oder Denkweisen über die Welt. Systemische Beratung bedeutet, über die Wirklichkeitskonstruktionen zu sprechen und ggf. bessere zu suchen, die dem Klienten oder der Familie mehr Handlungsoptionen eröffnen.

Auf die Frage, wie Frau B. sich erklärt, dass sie ein Drogenproblem entwickelt hat, führt sie das auf ihre psychische Erkrankung zurück. Seit sie Drogen nehme, seien die psychiatrischen Symptome zurückgegangen, so dass sie denke, sie habe die Wahl zwischen Psychose und Sucht. Die Psychose führte sie auf eine erbliche Vorbelastung zurück. Das heißt, für sie war die Symptomatik das Zeichen einer chronischen Erkrankung, der sie schicksalhaft und hilflos ausgeliefert war. Damit waren ihre Handlungsoptionen relativ begrenzt: Drogen nehmen im Sinne der Selbstmedikation oder die Psychose zu erleben beziehungsweise die unangenehmen Folgen der psychiatrischen medikamentösen Behandlung zu ertragen.

Ein drittes wichtiges Prinzip ist die Zirkularität (vgl. v. Foerster 1999, Simon 1993). Die systemische Theorie geht davon aus, dass man es in sozialen Systemen nicht mit einfachen Ursache-Wirkungssystemen zu tun hat, sondern mit vielfachen wechselseitigen Rückkoppelungen, die man zirkuläre Prozesse nennt. Das System wird auf problemerzeugende und -aufrechterhaltende Kommunikationskreisläufe untersucht. Die Frau meckert, weil der Mann trinkt, der Mann trinkt, weil die Frau meckert – das kann lange so weiter gehen. Ein anderes Beispiel: Häufig wird ein suchtkranker Mitarbeiter von Kollegen und Vorgesetzten einer Firma geschont, von Aufgaben entlastet („In dem Zustand kriegt der eh´ nichts auf die Reihe"). Angenommen, der Betroffene fühlt sich der normalen Arbeitsbelastung nicht gewachsen, wird er (unbewusst) dankbar sein über die Entlastung und wird weiter trinken.

In der systemischen Beratung (vgl. v. Schlippe u. Schweitzer 1996) geht es darum, solche zirkulären Prozesse bewusst zu machen und zu unterbrechen, zu „verstören". Mit der Methode des zirkulären Fragens kann das Zusammenspiel in einer Familie und die Spielregeln, nach denen es funktioniert, erfragt werden – hier sei wieder an das Bild vom Fußballspiel erinnert. Die unausgesprochene Leitfrage in diesem Explorationsprozess ist die Frage, in welchem Kontext und nach welchen Spielregeln die Symptome als sinnvolles Verhalten verstanden werden können.

Die Beraterin fragt Frau B. genauer nach deren Herkunftsfamilie. Der ältere Bruder habe selbst eine Familie gegründet und sei weit weg gezogen. Sein Verhältnis zu den Eltern sei distanziert. Sonst gebe es keine Geschwister. Die Mutter sei nicht berufstätig gewesen, habe sich um die Kinder gekümmert. Der Vater sei als selbstständiger Handwerksmeister immer sehr beschäftigt und in der Familie wenig präsent gewesen, und das

werde noch ein paar Jahre so weiter gehen bis zu dessen Berentung. Jetzt würden sich die Eltern sehr um ihr Enkelkind kümmern, die Mutter sei die engste Ansprechperson für die Klientin. Auch der Vater kümmere sich sehr um Frau B., sei dabei, einen Anbau ans elterliche Haus für sie und ihre Tochter zu planen.
Auf die Frage, was sich denn für die Eltern ändern würde, wenn sie sich plötzlich von ihrer Krankheit verabschieden könnte und ein ganz normales Leben als erwachsene Frau leben würde, mutmaßt Frau B., dass ihre Mutter in ein Loch fallen werde. Sie gehe sehr auf in ihren Aufgaben als Mutter und Oma. Zwischen den Eltern gebe es nicht viel Kontakt, der relevante Gesprächsstoff sei sie mit ihren Problemen und die Enkelin. Sie wisse nicht, was die beiden sonst verbinde. Vor allem für ihre Mutter könnte es also schwierig werden; diese habe früher wiederholt auch depressive Episoden durchlebt.

Die Beraterin kam zu folgender Hypothese, mit der das „kranke" Verhalten der Klientin einen Sinn ergab: Sie vermutete, dass Frau B. sich als liebende Tochter Sorgen machte, dass ihre Mutter mangels Sinn stiftender Aufgabe in ein depressives Loch fallen könnte, zumal die Beziehung zum Ehemann derzeit nur noch im Rahmen der gemeinsamen Elternfunktion, weniger auf der Paarebene eine tragfähige Basis zu haben schien. Durch ihre Drogenabhängigkeit aktivierte Frau B. die Elternfunktion und gab besonders ihrer Mutter als „Sorgenkind" die Mutterrolle zurück, außerdem übertrug sie den Eltern einen großen Teil der Mutterrolle für ihr eigenes Kind. Die psychische Befindlichkeit der Mutter und die eheliche Beziehung der Eltern scheinen sich also durch die Drogenabhängigkeit und psychische Erkrankung der Tochter zu stabilisieren. Das könnte ein unbewusstes Motiv der Tochter sein, die Drogenabhängigkeit aufrechtzuerhalten. Wir hätten es dann hier mit einem das Symptom aufrechterhaltenden zirkulären Prozess zu tun.
Die Beraterin teilte der Klientin ihre Hypothese mit und deutete ihre Symptomatik um als Opfer, das sie für ihre Mutter erbringt. Sie bot ihr damit eine andere Wirklichkeitskonstruktion an. Frau B. ist mit dieser Sichtweise nicht mehr Opfer einer schicksalhaften Krankheit, sondern sie hat sich entschieden, ihr Leben zum Wohle ihrer Mutter zu opfern. Das symptomatische Verhalten wird somit nicht als Defizit gedeutet, sondern als Ressource, nämlich die liebevolle Sorge der Tochter. Diese Sichtweise eröffnet neue Handlungsoptionen. Wenn man sich für ein bestimmtes Verhalten entscheiden kann, kann man sich auch dagegen entscheiden. Frau B. fand die Hypothese der Beraterin plausibel und im Laufe mehrerer

Gespräche entschied sie sich bewusst, dieses Opfer nicht mehr bringen zu wollen. Die bisherige Spielregel – übrigens eine häufig in Suchtfamilien anzutreffende: „Ich bin verantwortlich für das Wohl der anderen in der Familie und deren Bedürfnisse sind wichtiger als meine eigenen" (vgl. Schmidt 1988) – war ihr bewusst geworden und sie entschied sich dafür, dass sie in Zukunft für sie nicht mehr gelten sollte. Sie fand, ihre Mutter müsse selbst die Verantwortung für ihr Leben übernehmen.

Die Beratung fand über den Zeitraum von ca. zwei Jahren statt. Am Ende hatte Frau B. sich beruflich neu orientiert und übte eine Teilzeittätigkeit aus, mit der sie sehr zufrieden war. Sie sorgte fast alleine für ihre Tochter, reduzierte die Einnahme des Substitutionsmittels auf eine Minimaldosis und plante einen Umzug an den Bodensee. Es stellte sich heraus, dass der Vater schon länger eine Beziehung zu einer anderen Frau hatte. Die Mutter fiel wie erwartet in ein depressives Loch und zeigte ein deutliches Alkoholmissbrauchsverhalten. Die Tochter kümmerte sich weiterhin um die Mutter, allerdings nun mit anders verteilten Rollen und einer guten Abgrenzung ihrerseits.

Der systemische Ansatz berücksichtigt also immer die Kontexte, die Lebenswelt, den Sozialraum. Untersucht werden Wechselwirkungen im System. Süchtiges Verhalten wird nicht als Krankheit gesehen, sondern als in einem bestimmten Kontext sinnvolles Verhalten. Die Unterstellung von Ressourcen hilft, diese wahrzunehmen und zu entwickeln.

Case Management als Methode in der Einzelfallhilfe

Wie erwähnt ist das Case Management keine Methode für kurze Beratungsprozesse, sondern für komplexe Problemlagen, längere Hilfeprozesse mit mehreren beteiligten Diensten.
Die Funktion des Case Managers unterscheidet sich von der Beraterrolle insofern, als Case Management einzelne Hilfen und Behandlungen nicht selbst leistet. „Es führt sie zusammen, koordiniert sie (...) und lenkt ihren Ablauf" (Wendt 2010, S. 154). Dies tut der Case Manager in enger Abstimmung mit dem Klienten. Er „leistet seinen Dienst mit Respekt vor der Autonomie, der Würde, der Privatsphäre und den Rechten des Individuums" (a.a.O., S. 202). Er „handelt anwaltlich für den Klienten mit dem Ziel, dass der einzelne über Informationen für eine informierte Entscheidung in Gesundheitsfragen verfügt" (a.a.O., S. 202).

Das Verfahren beinhaltet mehrere Schritte:

1. Intake (Zugangseröffnung): Der Klient wird über die Organisation und mögliche Hilfeangebote der Einrichtung informiert.
2. Assessment (Einschätzung und Bedarfsklärung): Es findet eine „möglichst vollständige Erfassung und Beurteilung der Situation einer Person oder Familie“ (Wendt 2010, S. 137) statt. „Die Sozialarbeit neigte in der Vergangenheit dazu, Probleme zu psychologisieren und nach Lösungen auf psychotherapeutischen oder pädagogischen Wegen zu suchen (...). Im Case Management wird dagegen der ganze Handlungszusammenhang in Betracht gezogen“ (a.a.O., S. 140). Auf dieser Grundlage findet die Bedarfsklärung statt.
3. Zielvereinbarung und Hilfeplanung: Anhand von konkreten und überprüfbaren Zielen wird ein Hilfeplan erstellt.
4. Kontrollierte Durchführung (Umsetzung und Monitoring): Der Case Manager überwacht anwaltschaftlich für den Klienten die Durchführung der einzelnen Hilfeschritte.
5. Evaluation, Rechenschaftslegung: Über den gesamten Prozess wird abschließend ein Bericht erstellt.

Das Case Management Konzept etabliert sich in der Suchtberatung erst langsam. In der Suchtberatungsstelle kann es zum Beispiel in der Hilfe für chronisch abhängige Menschen mit multiplem Hilfebedarf zum Einsatz kommen oder bei der Planung und Begleitung von Reha-Prozessen. Die PSB Bietigheim führt es konkret und konsequent nach den genannten methodischen Vorgaben im Rahmen eines Suchthilfeverbundes durch, zu dem sich Beratungsstellen und Fachkliniken unter der Trägerschaft des Diakonischen Werkes Württemberg zusammen geschlossen haben. In einem Projekt zur „Rehaverbundqualität“ übernimmt der vermittelnde Suchtberater der PSB die Fallverantwortung für den gesamten Rehaprozess.

„Zur Fallführung bei Rehaklienten gehören: eine umfassende Sachinformation und Hilfeberatung, eine den Teilhaberechten der Klienten gerecht werdende Bedarfserhebung und Betreuungsplanung mit einer systematischen Klärung der Indikationen, die Unterstützung bei einer zeitnahen und die Interessen der Klienten berücksichtigenden Antragsstellung, eine qualifizierte und effiziente Vorbereitung auf die Rehabilitationsmaßnahmen (z.B. durch Motivationsgruppen), ggfs. die Vermittlung in Entgiftungsbehandlungen, die Klärung ergänzender beruflicher und begleitender sozialer Maßnahmen, eine Fallbetreuung während der Rehamaßnahme bei Verlaufskrisen oder Therapieabbruch und schließlich eine systematische Beendigung des Rehaprozesses. Die Verantwortung für die Fallführung beinhaltet auch die Gesamtbehandlungsplanung und die Dokumentation der Fallsteuerung über den gesamten Rehabilitationsverlauf. Sie ist von besonderer Bedeutung für die angestrebte Verbundqualität bei einem Wechsel (Beendigung, Abbruch) der Hilfeformen und bei krisenhaften Entwicklungen."(Diakonisches Werk Württemberg: Handbuch zur Verbundqualität in der Suchtrehabilitation)

Hier der idealtypische Verlauf eines Reha-Case-Management-Prozesses:

Frau L., 33 Jahre alt, heroinabhängig und in Substitutionsbehandlung, Verkäuferin, seit zwei Jahren arbeitslos, ledig und alleinlebend, vereinbart mit ihrer Suchtberaterin, dass sie zunächst eine stationäre Entzugsbehandlung, dann eine stationäre Entwöhnungsbehandlung mit anschließender Adaptionsbehandlung (stationäre Rehaphase mit Schwerpunkt auf der sozialen und beruflichen Wiedereingliederung) absolvieren will, zum Ende der Behandlung eine ambulante Nachsorge. Fachklinik und Adaptionseinrichtung, in der die Behandlung stattfinden soll, sind Mitglieder im diakonischen Suchthilfeverbund. Frau L. wird über das Projekt „Verbundqualität in der Rehabilitation" informiert. Ihr Einverständnis für Kooperation und Datenweitergabe im Rahmen des Verbundes wird schriftlich eingeholt. Die Beraterin empfiehlt eine Entgiftungseinrichtung und hält dann während dieser Behandlung telefonisch Kontakt zu Frau L. Kurz vor der Aufnahme in die Fachklinik schickt die Case Managerin zusätzlich zum Sozialbericht einen Case Management-Bogen an die Klinik, der den aktuellen Stand der Rehavorbereitung und wichtige Kontaktadressen, zum Beispiel Ansprechpartner beim Jobcenter, enthält. Die Klinik konkretisiert nach der Aufnahme zusammen mit Frau L. die im Sozialbericht festgehaltenen Rehaziele. Drei Wochen nach Aufnahme schickt die Case Managerin einen Brief an Frau L. und fragt nach, ob diese gut angekommen sei. Diese antwortet mit einem Anruf und berichtet, dass alles nach Plan laufe. Wenige Wochen vor Ende der stationären Rehaphase meldet sich die zuständige Therapeutin der Fachklinik bei der Case Managerin und berichtet, dass Frau L. erwäge, die Behandlung ohne Adaptionsphase vorzeitig zu beenden. Auslöser der Planungsänderung sei eine schwere Erkrankung des Vaters. Die Fallmanagerin erfährt in einem Telefonat mit Frau L., dass diese sich Sorgen um die Eltern macht und gerne näher bei ihnen wäre in der schweren Zeit. Case Managerin und Klientin nutzen die ohnehin geplante Heimfahrt zu einem gemeinsamen Gespräch mit den Eltern. In diesem Gespräch können die Eltern ihrer Tochter die Sorgen nehmen. Ihnen reiche die sporadische Unterstützung während einer Adaptionsmaßnahme und für ihr Wohlbefinden sei die planmäßige Behandlung ihrer Tochter wichtiger. Frau L absolviert dann die dreimonatige Adaptionsphase. Die Adaptionseinrichtung und auch die Case Managerin erhalten gleich nach Aufnahme den von der Klinik fortgeschriebenen Case Management-Bogen. Drei Wochen vor Ablauf der Behandlung schreibt die Case Managerin wieder einen Brief an Frau L. und macht einen Terminvorschlag für ein Gespräch nach dem Ende der Behandlung. Dieses Gespräch findet wenige Tage nach der Entlassung statt. Es wird vereinbart, dass Frau L. an der Nachsorgegruppe der PSB teilnimmt für ca. ein halbes Jahr. Mit dem zuständigen Gruppentherapeuten wird ein gemeinsames Aufnahmegespräch vereinbart. Die Adaption schickt zeitnah zusätzlich zum später eingehenden Abschlussbericht den wiederum ergänzten Case-Management-Bogen mit den aktuellen Entwicklungen und Zielsetzungen an die PSB. Nach erfolgreicher Nachsorgebehandlung führt die Fallmanagerin ein Abschlussgespräch mit der Klientin über den Gesamtprozess. Hier endet der Case Management-Prozess. Sowohl die Fachklinik als auch die Adaptionseinrichtung erhalten einen kurzen Bericht über Gesamtverlauf und Abschluss der Behandlung.

An den Übergängen zwischen verschiedenen Behandlungsformen kommt es erfahrungsgemäß besonders häufig zu Rückfällen oder Kontaktabbruch zum Hilfesystem. Durch eine verbesserte Schnittstellenarbeit können solche Brüche oft verhindert werden. Eine Ausweitung dieses Handlungsansatzes der Fallführung auf andere Zielgruppen und Handlungsfelder einer PSB ist anzustreben, um eine wirkungsvolle Suchthilfe auch bei komplexen Problemlagen gewährleisten zu können. Dafür braucht es aber besonders auf Landkreisebene weitere verbindliche Kooperationen und vertraglich fixierte Vereinbarungen über Prozesse und Aufgabenteilung und es braucht eine Regelung der Finanzierung für den personellen Aufwand, den diese Dienstleistung bedeutet.

5 Fazit

Die meisten Suchtberatungsstellen sind inzwischen so etabliert, dass sie ausgelastet wären, würden sie nur die eingehenden Anfragen bedienen. Das wäre allerdings kurzsichtig: PSBen sind nur dann zukunftssicher, wenn sie sich als Experten für die ganzheitlich bio-psychosoziale Sicht profilieren. Im Gegensatz zum medizinischen Behandlungssystem mit einem festgelegten Behandlungsspektrum muss sich die PSB an den Klienten orientieren und auf allen Ebenen des Fallmanagements dafür sorgen, dass sie passgenaue Angebote erhalten. Der Zugang zu Angeboten der PSB oder bei anderen Anbietern sollte perspektivisch weiter erleichtert werden. Insofern wird sich in Zukunft die Rolle der Suchtberater auch verschieben: Sie werden künftig sowohl in der Grundversorgung als auch in der ambulanten Rehabehandlung mehr als Experten für Vernetzung, Case Management und soziale Teilhabe in Erscheinung treten müssen.

Literatur:

Baudis, R. (2007): Verbinden, was zusammengehört – Einführung in das Thema Verbundqualität. In: Baudis, R. (Hrsg.): Verbundqualität in der Suchthilfe – Organisieren personenbezogener Versorgungszusammenhänge. Rudersberg: Verlag für Psychologie, Sozialarbeit und Sucht, S. 10–28

Diakonisches Werk Württemberg – Referat Suchthilfen, Fachverband Suchthilfen im Diakonischen Werk Württemberg: Handbuch zur Verbundqualität in der Suchtrehabilitation 5/2010. Internes Papier

Foerster, H. v. (1999): Sicht und Einsicht: Versuche zu einer operativen Erkenntnistheorie. Heidelberg: Carl-Auer-Systeme

Gemeinsames Rahmenkonzept der Deutschen Rentenversicherung und der Gesetzlichen Krankenversicherung zur ambulanten medizinischen Rehabilitation Abhängigkeitskranker vom 3. Dezember 2008

Glasersfeld, E. v. (1997): Wege des Wissens. Konstruktivistische Erkundungen durch unser Denken. Heidelberg: Carl-Auer-Systeme

Ritscher, W. (2007): Soziale Arbeit: systemisch. Ein Konzept und seine Anwendung. Göttingen: Vandenhoeck & Ruprecht

Schlippe, A. v., J. Schweitzer (1996): Lehrbuch der systemischen Therapie und Beratung. Göttingen: Vandenhoeck & Ruprecht

Schmidt, G. (1988): Rückfälle von als suchtkrank diagnostizierten Patienten aus systemischer Sicht. In: Körkel, J. (Hrsg.): Der Rückfall des Suchtkranken. Flucht in die Sucht? Berlin, Heidelberg, New York: Springer, S. 173–213

Simon, F.B. (1990): Meine Psychose, mein Fahrrad und ich. Zur Selbstorganisation der Verrücktheit. Heidelberg: Carl-Auer-Systeme. 4. Auflage 1993

Simon, F.B. (1993): Unterschiede, die Unterschiede machen. Klinische Epistemologie: Grundlage einer systemischen Psychiatrie und Psychosomatik. Frankfurt/M.: Suhrkamp

Vereinbarung „Abhängigkeitserkrankungen“ vom 04.05.2001. Vereinbarung über die Zusammenarbeit der Krankenkassen und Rentenversicherungsträger bei der Akutbehandlung (Entzugsbehandlung) und medizinischen Rehabilitation (Entwöhnungsbehandlung) Abhängigkeitskranker Verwaltungsvorschrift des Ministeriums für Arbeit und Soziales (Baden-Württemberg) zur Gewährung von Zuwendungen für Psychosoziale Beratungs- und ambulante Behandlungsstellen für Suchtgefährdete und -kranke sowie Kontaktläden (VwV-PSB/KL) vom 28.11.2008 –Az.: 53-5070.18-2-

Wendt, W.R. (2007): Die Bedeutung des Case Managements für die Profession der Sozialen Arbeit. In: Baudis, R. (Hrsg.): Verbundqualität in der Suchthilfe – Organisieren personenbezogener Versorgungszusammenhänge. Rudersberg: Verlag für Psychologie, Sozialarbeit und Sucht, S. 29–40

Wendt, W.R. (2010): Case Management im Sozial- und Gesundheitswesen. Eine Einführung. Freiburg: Lambertus

Medizinische Rehabilitation bei Alkoholabhängigkeit

Arno Frank

Die Arbeit in der medizinischen Rehabilitation der Suchterkrankungen, also der stationären Suchttherapie, ist ein Sonderbereich innerhalb der sozialarbeiterischen Suchthilfe: der besonderen historischen Tradition der Hilfen für Suchtkranke gerecht werdend, ist dies der einzige Bereich, in dem Sozialarbeiter unter der Maßgabe der Leistungsgesetze (hier SGB V und vor allem SGB VI) psychotherapeutisch tätig sein können.

Beschrieben wird die Tätigkeit des sozialarbeiterischen Suchttherapeuten am Beispiel der Rehaklinik St. Landelin, einem Fachkrankenhaus für 60 (überwiegend alkohol-) abhängige Männer in Herbolzheim bei Freiburg. Die Behandlungszeit berücksichtigt das Ausmaß der körperlichen, psychischen und sozialen Folgen der Suchterkrankung sowie den individuellen Behandlungsfortschritt. Entsprechend der jeweiligen Leistungszusagen der Kostenträger sind Langzeittherapie (12 bis16 Wochen), Festigungs- und Auffangbehandlung (4 bis 10 Wochen) und Kombinationsbehandlung (6 Wochen stationäre und 6 Monate ambulante Behandlung) möglich. Neben den psychotherapeutischen Therapieangeboten (Einzel- und Gruppentherapie, indikative Gruppenangebote, Paar- und Familiengespräche) und der medizinischen und psychiatrischen Versorgung werden den Bereichen Sporttherapie, Kreativtherapie und vor allem Arbeitstherapie (in den ausbildungsberechtigten Arbeitsbereichen Schlosserei, Schreinerei, Gärtnerei, Elektrowerkstatt und Küche) hohe Relevanz durch den konzeptionell-strukturierten Tagesablauf zugemessen.

Der Arbeitsalltag des Suchttherapeuten besteht aus der

- Behandlung von zehn bis zwölf Patienten durch Diagnostik und Entwicklung der Behandlungsziele und Behandlungspläne, durch die Leitung der Bezugstherapiegruppe und durch die regelmäßige Durchführung von Einzeltherapien;
- zusätzlichen Leitung eines indikativen Gruppenangebots;
- Teilnahme an den multiprofessionellen Teamsitzungen (für Behandlungspläne, Fallbesprechungen, kollegiale Supervision);
- Teilnahme an externer Supervision;

- Durchführung von Paar- und Familiengesprächen, ganztägigen Angehörigenseminaren, Gesprächen mit Arbeitgebern und weiteren Kooperationen mit Hilfeeinrichtungen;
- Leistungsdokumentation und Erstellung des Behandlungsberichts für den Leistungsträger;
- Durchführung von Öffentlichkeitsarbeit, Präventionsveranstaltungen und internen und externen Betriebsseminaren (unregelmäßige Durchführung).

Die Rehabilitation der Suchtmittelabhängigkeit hat zum Ziel, Funktions- und Leistungsfähigkeit des chronisch kranken Menschen in Alltag und Beruf zu erhalten, zu verbessern oder wiederherzustellen. Sie erfolgt in der Regel in Suchtfachkliniken (stationär/teilstationär) oder auch im ambulanten Rahmen durch Suchtberatungsstellen. Zuweisung und Vermittlung in spezifische Behandlungsangebote erfolgen durch Suchtberatungsstellen, Allgemein- und Fachärzte, ärztliche und psychologische Psychotherapeuten und innerbetriebliche Sozial- und Suchtberatungen.

Die Wirksamkeit der medizinischen Rehabilitation wird allgemein eher unterschätzt: „In Wirklichkeit stellt insbesondere die stationäre Behandlung von Alkoholabhängigen in Deutschland eines der wirksamsten Anwendungsfelder klinischer Psychologie dar“ (Lindenmeyer, 2004, S. 82).

Suchttherapeutische Weiterbildung

Voraussetzung für die therapeutische Arbeit mit Suchtpatienten in der medizinischen Rehabilitation ist eine entsprechende suchttherapeutische Ausbildung, durch welche umfassendes Wissen über Suchtstörungen sowie therapeutische Handlungskompetenz und -performanz in Anlehnung an evidenzbasierte Konzepte der Verhaltenstherapie oder anderer anerkannter therapeutischer Schulen vermittelt wird. Sozialarbeiter können – wie approbierte Psychologen und Ärzte – die entsprechende Erlaubnis durch die mehrjährige Weiterbildung in bestimmten Curricula erwerben, die von den Trägern der Suchtrehabilitation festgelegt wurden.

Suchtspezifische Psychotherapie

Ziel suchttherapeutischer Interventionen ist die Veränderung des dysfunktionalen Verhaltens (Problemverhalten) und Erlebens (vgl. Demmel, 2002). Hierfür sind suchtspezifische Diagnostik und Therapieplanung notwendig. Die vorwiegend verhaltenstherapeutisch-orientierten Interventionen in der Suchttherapie der beschriebenen Klinik sind stark beeinflusst von der sozialen Lerntheorie Banduras (1986) und zielen auf Veränderungs- und Handlungsorientierung, auf Transparenz (gegenüber dem Patienten) und Hilfe zur Selbsthilfe im Sinn des Selbstmanagements (vgl. Kanfer et al., 1991) oder: auf ein verändertes Wollen, Wissen und Können des Patienten zugleich (Grawe, 1995).
Die Behandlungsangebote der stationären suchtspezifischen Psychotherapie sind daher auf die Erprobung von Verhaltensänderungen beziehungsweise neuen Verhaltensweisen in Alltags- und alltagsähnlichen Situationen ausgelegt (Therapieinhalte und -setting, Hausordnung, Heimfahrtregelung). Entsprechend werden verschiedene spezifische und generalpräventive Interventionen durchgeführt: Psychoedukation, Depressionsbewältigung, Angst- und Stressbewältigung, Entspannungstraining, Training sozialer Kompetenz, Selbstsicherheitstraining, Problemlösetraining, Realitätstraining, Exposition etc.
Für den Therapieprozess ist (auch in der Verhaltenstherapie) die wesentliche Bedeutung der therapeutischen Beziehung verstanden und erklärt worden als Beziehungsgestaltung, die Bezug nimmt auf die aktivierten Bedürfnissen respektive individuellen Zielen des Patienten (vgl. Grawe 2004):

1. Bindung (nonverbale Kommunikation, Zuversicht, Engagement, Kompetenz);
2. Orientierung und Kontrolle (Information und Transparenz, Beteiligung des Patienten an Planung und Entscheidungen, klare Therapieziele);
3. Selbstwert (ressourcenorientiertes Vorgehen, Ressourcen thematisieren und prozessual aktivieren);
4. Lust/Unlustvermeidung (Auslösen von positiven Emotionen, Humor, Entspannungsverfahren).

Der ideale Therapeut zeichnet sich aus durch ein reichhaltiges Repertoire an störungs- und problemspezifischen Interventionen und durch ein reichhaltiges Repertoire an Ressourcenaktivierung und maßgeschneiderter Beziehungsgestaltung (vgl. Grawe, ebd.).

Die Phasen der Veränderung nach dem Modell von Prochaska & DiClemente (1982) verhelfen zur Auswahl der angemessenen Interventionen: Unterschieden werden die Phasen der Absichtslosigkeit, der Vorüberlegung/ Ahnung, der Absichtsbildung, der Aktion und der Aufrechterhaltung. Entsprechend sind die einzelnen therapeutischen Interventionen indiziert: Informationen geben, Problemwahrnehmung verbessern, Zweifel stärken, Diskrepanzen herausarbeiten, Ambivalenz erkunden, Alternativen entwickeln, Entscheidungsprozesse vorantreiben, Zuversicht/ Selbstwirksamkeit fördern und Rückfallprävention.

Im Folgenden werden beispielhaft Interventionen und Strukturelemente der therapeutischen Arbeit in der medizinischen Suchtrehabilitation beschrieben.

Motivierende Gesprächsführung

Zur stationären Behandlung eindeutig motivierte Patienten sind eher die Ausnahme. Vielmehr stehen zu Behandlungsbeginn Ambivalenz, Kränkung aufgrund der Behandlungsbedürftigkeit und extrinsische Motivation, also Auslöser von außen (Partner, Arbeitgeber/Arbeitsagentur, Richter, Renten-/ Krankenversicherer, Verlust der Fahrerlaubnis), im Vordergrund. Daher kommt der Motivationsarbeit im Sinn systematischen Aufbaus und Stabilisierung von Veränderungsbereitschaft zentrale Bedeutung zu. Als hierfür besonders geeignet hat sich die Motivierende Gesprächsführung erwiesen.

Der Fachbegriff Motivierende Gesprächsführung – Motivational Interviewing, abgekürzt M. I. – vereint eine empathische, reflektierende therapeutische Grundhaltung und eine Gesprächstechnik zur Steigerung der Veränderungsmotivation, basierend auf den Konzepten sozialpsychologischer Theorien der Verhaltensänderung (Miller & Rollnick, 2004).

Wichtigstes Merkmal des M. I. ist der Verzicht auf konfrontative Vorgehensweisen: So ist es beispielsweise nicht wichtig, dass der Patient zu Beginn der Behandlung die Abhängigkeitsdiagnose des Behandlungssystems übernimmt. Vielmehr sinnvoll ist eine Stärkung des Selbstwerts des

Patienten durch die Übernahme von Verantwortung (z. B. durch die Entscheidung für persönliche Veränderungsziele). Ziel ist die Motivation des Patienten zugunsten einer positiven Verhaltensänderung durch die Förderung der Selbsterkenntnis von Diskrepanzen zwischen Suchtverhalten und wichtigen persönlichen Werten und Lebenszielen.

Die wichtigsten Techniken und Methoden des M. I. sind Aktives Zuhören und Zusammenfassen, Offene Fragen, Aufnahme des Widerstands, Herausarbeitung von Fähigkeiten und Potenzialen, Diskrepanzen aufgreifen und stärken, Methoden zur Förderung veränderungsorientierter Aussagen (change talk) und Methoden zur Förderung der Änderungszuversicht (confidence talk).
„Die Praxis der motivierenden Gesprächsführung ist dadurch geprägt, dass die Prinzipien und Strategien in kreativer Art und Weise verbunden werden. Wie beim Schach gibt es allerdings keinen festgelegten Spielablauf. Jeder Fall ist einzigartig und bedeutet eine neue Herausforderung."
(Miller & Rollnick, 2004, S. 191).

Beispiele für Offene Fragen und Zusammenfassungen des Therapeuten zur Erkundung der Ambivalenz und Förderung der Veränderungsbereitschaft:

Wie sehen Sie das?
Wie denken Sie im Moment darüber?
Welche Konsequenzen hatte der Alkoholkonsum für Sie im Alltag?
Was sind denn die guten Seiten am Alkohol? Und was sind die weniger guten Seiten am Alkohol?
Wie wichtig ist es Ihnen weniger Alkohol zu trinken?
Welche Vorteile hätte es für Sie aufzuhören?
Was würde ihnen Mut machen, mit dem Trinken aufzuhören?
Was würde es Ihnen leichter machen, mit dem Trinken aufzuhören?
Was spricht für eine Veränderung?
Sie sind hin- und hergerissen ...
Wie wäre Ihr Leben, wenn Sie keinen Alkohol mehr trinken?
Was kann schlimmstenfalls eintreten? Was kann bestenfalls eintreten?
Wenn Sie sich jetzt vornehmen, keinen Alkohol mehr zu trinken, wie zuversichtlich sind sie, dass Sie das schaffen würden?

Beispiel für Anerkennung der Gefühle und Wahrnehmungen durch eine einfache Reflexion mit einer kleinen Verschiebung des Schwerpunktes:

Patient: Das kann gar nicht sein. So viel trinke ich doch gar nicht. Da müssen Sie sich verrechnet haben.
Therapeut: Das können Sie kaum glauben! Das überrascht Sie! Das sehen Sie anders!
Beispiel für Anerkennung und zugleich Hinzufügung der anderen Seite der Ambivalenz:
Patient: Okay, ich hätte nicht mehr selber fahren sollen an dem Abend. Ich hatte zu viel getrunken. Aber deswegen bin ich doch kein Alkoholiker.
Therapeut: Einerseits denken Sie, dass Sie das nicht noch mal machen sollten, anderseits wollen Sie deswegen aber nicht als Alkoholiker abgestempelt werden.

Beispiel für Entschärfung des besorgniserregenden Themas und Hinwendung der Aufmerksamkeit auf das zu bearbeitende Thema:

Patient: Sie meinen bestimmt, dass ich Alkoholiker bin.
Therapeut: Ob Sie nun alkoholabhängig sind oder nicht, kann ich noch nicht beantworten, erscheint mir aber auch nicht so wichtig. Ich möchte mit Ihnen lieber darüber sprechen, welche Konsequenzen der Konsum für Sie in der Vergangenheit hatte.

Beispiel für Vermittlung von Informationen, um Verständnis für die Situation zu verbessern:

Patient: Das stimmt, dass ich wenig spüre vom Trinken, das war bei mir schon immer so. Ich vertrage mehr als die anderen.
Therapeut: Ich weiß nicht, ob Sie sich dem bewusst sind, aber das ist in Wirklichkeit ein Grund zur Besorgnis. Die meisten Menschen spüren den Alkohol schon nach wenigen Gläsern. Das ist wie ein Warnsystem, das ihnen sagt, dass sie genug haben und sie hören auf, zu trinken. Unglücklicherweise haben manche Menschen eine hohe Toleranz entwickelt. Bei diesen Menschen funktioniert dieses Warnsystem nicht mehr und sie fügen sich Schaden zu, ohne es zu merken.
Beispiel für die Festlegung auf einen Veränderungsplan, die praktische Umsetzung der Veränderungsabsicht oder zugunsten einer konkreten Selbstverpflichtung:

Nachdem wir all dies betrachtet haben, was ist der nächste Schritt für Sie?
Was glauben Sie, werden Sie tun?
Was denken Sie jetzt darüber?
Welche Veränderungen möchten Sie vornehmen?
Wie soll es jetzt weitergehen?
Was sind Ihre Möglichkeiten?
Wäre es in Ordnung, wenn ich meine Bedenken zu Ihrem Vorschlag äußere?
Ich glaube, ich verstehe Ihren Standpunkt. Wäre es in Ordnung, wenn ich Ihnen meine Gedanken dazu mitteile?
Ich weiß nicht, ob es für Sie funktionieren könnte, aber ich könnte Ihnen erzählen, was andere Menschen in Ihrer Situation getan haben. Das mag für Sie sinnvoll sein oder auch nicht, vielleicht könnte es eine Alternative darstellen, aber das müssen Sie selbst entscheiden.
Ich könnte Ihnen einen Vorschlag machen, aber ich glaube, Sie müssten das schon selbst ausprobieren, um zu sehen, ob das auch für Sie funktioniert. Was denken Sie, könnte ein erster Schritt sein? Was möchten Sie denn verändern?

Analyse des sozialen Netzwerks

Ziel der Analyse des sozialen Netzwerks ist das Erkennen der potentiellen sozialen Unterstützung des Patienten und im Weiteren die Nutzbarmachung/Aktivierung unterstützender Kontakte und Beziehungen (social support) im Lebensalltag des Patienten (vgl. Scheiblich, 2004). Hierzu wird dem Patienten die Netzwerkkarte (Abb. 1) ausgehändigt mit der Instruktion, alle Personen seines sozialen Umfelds, mit welchen er soziale Beziehungen unterhält, einzutragen. Das soziale Netzwerk wird zur besseren Überschaubarkeit in fünf Bereiche unterteilt (aktuelle Familie, Verwandtschaft mit Herkunftsfamilie, Kollegen, professionelle Helfer, Freunde und Nachbarn). Die ausgefüllte Netzwerkkarte bietet Patienten und Therapeuten einen guten Überblick und Orientierung hinsichtlich der sozialen Einbettung des Patienten, sie bietet ferner Inspiration für neue therapiestrategische Überlegungen, bisher unbekannte oder übersehene Personen oder Institutionen werden in ihrer therapeutischen Relevanz eingeschätzt oder einbezogen. Gemeinsam mit dem Patienten wird weiter exploriert und gezielt nach unterstützenden Personen, Institutionen und professionellen Helfern gesucht, zu welchen Kontakt und Beziehung ausgebaut werden können. Mit dem Patienten kann entwickelt werden, wie er seine soziale Unterstützung wahrnimmt und verändern möchte.

Abb.1: Soziale Netzwerkkarte (Scheiblich, 2004, S. 137)

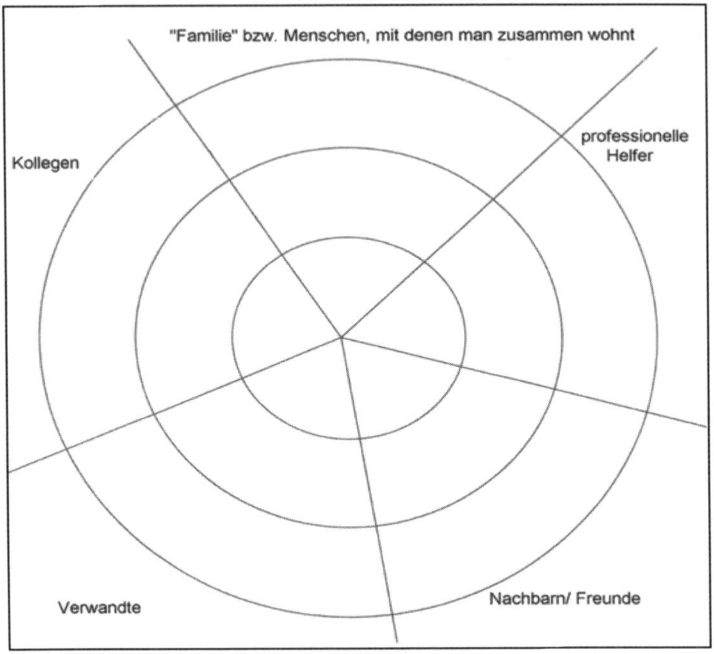

Unterschieden werden vier Unterstützungsarten in sozialen Netzwerken (vgl. Scheiblich, 2004):

- *emotional support:* Verhaltensweisen zur emotionalen Stabilisierung einer Person (Zuwendung, Sympathiebekundung, Mitgefühl, Spenden von Trost, Anteilnahme, aufmerksames Zuhören usw.);
- *instrumental support:* Bereitstellung oder Austausch von Gütern oder Dienstleistungen, finanzielle Hilfen, praktische Hilfen im Alltag;
- *informational support:* alle Formen der Kommunikation zur Information, Beratung oder Vermittlung dienen;
- *appraisal support:* Verhaltensweisen zur Wertschätzung, Anerkennung und Bestätigung einer Person.

Bewährt hat sich die Arbeit mit der Netzwerkkarte im Einzelsetting und zu Behandlungsbeginn. Der Patient erhält ausreichend Zeit zu reflektieren und Personen zu erinnern, zu welchen der Kontakt einhergehend mit der Suchtentwicklung verloren ging. Die therapeutische Arbeit besteht vor allem darin, den Patienten zu bestärken, Kontakte von früher wieder aufzunehmen oder wieder zu intensivieren, von denen er sich Unterstützung für seine Veränderungsabsicht erhofft oder verspricht. Oftmals gehen von diesen Kontakten sehr konstruktive Impulse für Patient und Behandlungsverlauf aus. Viele Patienten sind überrascht, dass auf ihre Kontaktaufnahme zu früheren Freunden/Vertrauenspersonen positiv reagiert wird oder dass sie nicht „abgeschrieben" und vergessen wurden, nachdem sie sich – zumeist suchtbedingt – sozial zurückgezogen oder in anderen „social worlds" bewegt hatten.

Für die Abstinenzentwicklung sind neue oder wieder belebte frühere suchtmittelfreie Kontakte und Unterstützung von zentraler Bedeutung, da sie die Zuversicht des Patienten verstärken helfen und das Risiko der Rückkehr in das frühere alkoholische Milieu oder des sozialen Rückzugs verringern helfen.

Gruppensetting

Die Gruppe soll durch Offenheit und Vertrauen Arbeitshaltung und Kohäsion schaffen, von welcher der einzelne Patient profitiert. Die Gruppe dient als Übungsfeld. Als Vorteile der Gruppenpsychotherapie für den Einzelnen können beschrieben werden:

- Öffentlichkeits- und Verpflichtungscharakter (Verheimlichung um das Suchtmittelproblem wird beendet),
- die untereinander nutzbaren Beratungs- und Problemlösefunktionen der Gruppenmitglieder, Gruppe als Korrektiv (Erarbeitung positiver Zukunftsperspektiven, praktische Lebenshilfe),
- wechselseitige Vermittlung von Hoffnung und Zuversicht (Optimismus durch Gruppenerfahrung, unterschiedliche Modellwirkungen bei der Bewältigung persönlicher Schwierigkeiten, Förderung von Einsicht, Sinnerleben),
- Förderung eines prägnanten Selbst- und Identitätserlebens,
- Förderung kommunikativer Kompetenzen und Beziehungsfähigkeit, Unterstützung des emotionalen Ausdrucks, emotionale Bezogenheit durch Gruppenkohäsion,

- Empathieerleben, emotionale Annahme und Stütze,
- Ermöglichung von Solidaritätserfahrungen.

Die Gruppe beginnt pünktlich. Alle Gruppenmitglieder sitzen im Kreis, so dass jeder jeden sehen kann. Zum Wochenanfang und -ende hat sich eine etwas ausführlichere Eingangsrunde bewährt: Der Therapeut leitet die Gruppe z. B. wie folgt ein:
„Wie üblich, möchte ich Sie auch heute bitten, zunächst kurz mitzuteilen, wie es Ihnen heute geht, ob seit der letzten Gruppensitzung besondere Ereignisse aufgetreten sind und mit welchen Dingen Sie sich aktuell innerlich auseinandersetzen."
Im Sinne eines festen Rituals sollte sich die Eingangsrunde im weiteren Wochenverlauf auf präzise Fragestellungen beziehen: Gibt es Aktuelles? Risikosituationen? Rückfälle? Therapieschädigendes Verhalten?
Der Therapeut versucht, die Eingangsrunde kurz zusammenzufassen. Aus der Eingangsrunde können organisatorische und inhaltliche Aspekte aufgenommen und vorrangig und abschließend behandelt werden. Der Gesprächsinhalt sollte immer kurz begründet werden. Folgende Themen sollte jeder Patient während seiner Behandlungszeit in der Gruppe durcharbeiten beziehungsweise für die Gruppe vorbereiten und in der Gruppe vorstellen (vgl. Lindenmeyer, 2004):

1. Darstellung des Lebenslaufs: Anhand einer Verlaufslinie hinsichtlich der Höhe des Alkoholkonsums, die für alle erkennbar aufgezeichnet wird, werden Konsumverhalten, Suchtentwicklung und Ausstiegsversuche aufgezeigt und in Beziehung gebracht mit wichtigen Lebensereignissen/ Lebensphasen. Die Verlaufs-/ Lebenslinie dient der Entwicklung eines persönlichen Erklärungsmodells für den Alkoholkonsum.
2. Darstellung des individuellen Krankheitsverständnisses: Der Patient stellt sein Konsumverhalten zur Diskussion. Er berichtet über die persönlichen Merkmale seiner Suchterkrankung oder des Suchtmittelmissbrauchs, wenn er sich nicht als abhängig einschätzt.
3. Darstellung der persönlichen Therapieziele in der Gruppe: Therapeut und Gruppe achten darauf, dass die Zielformulierungen genau, messbar, erreichbar, bedeutsam und zeitlich festgelegt formuliert werden.
4. Darstellung der Vor- und Nachteile des Trinkens und der Abstinenz: der Patient berichtet in der Gruppe anhand einer für alle er-

kennbaren 4-Felder-Matrix (Entscheidungsmatrix) über seine persönlichen Vorteile und Nachteile des Trinkens und über die Vor- und Nachteile der Abstinenz. Abweichend kann diese Übung auch in Kleingruppen oder in der gesamten Gruppe durchgeführt werden, hierbei werden z. B. alle genannten Vor- und Nachteile zusammengetragen. Im Anschluss können in der Gruppe zwei Parteien (und eine Zuschauergruppe) gebildet werden, die nach dem Beispiel einer Podiumsdiskussion für oder gegen die Abstinenz argumentieren. Der Therapeut übernimmt die Rolle des Moderators.

5. Darstellung der Rückfallrisikosituationen: der Patient berichtet über seine persönlichen Rückfallrisikosituationen, beispielsweise Trinkaufforderungen durch andere, depressive Stimmung oder Streit mit anderen. Die Gruppe gibt Feedback.
6. Ablehnungstraining: Der Patient übt im Rollenspiel das selbstsichere Ablehnen von Trinkaufforderungen und Alkoholangeboten. Mitpatienten, die keine Rolle einnehmen, haben Beobachterpositionen und geben ausschließlich positives Feedback. Bei Einverständnis des Patienten kann auch eine Videoaufnahme des Rollenspiels erstellt und zu positivem Feedback genutzt werden.
7. Darstellung des zukünftigen Lebensstils: Der Patient berichtet, wie er zukünftig Belastungen im Lebensalltag reduzieren und Ausgleich und Entlastung steigern will (angenehme Aktivitäten, Freizeitgestaltung, suchtmittelfreie Kontakte). Die Gruppe gibt Feedback.
8. Therapiebilanz: Der Patient bereitet in der Gruppe sein Therapiebilanzgespräch vor und bittet die Gruppe oder Einzelne um Feedback.
9. Problemlösetraining: Der Patient stellt ein Problem dar, mit welchem er sich aktuell beschäftigt und bittet die Gruppe um Mithilfe: das Problem wird gemeinsam analysiert, ein Ziel definiert, mehrere Lösungsmöglichkeiten erarbeitet und bewertet und schließlich ein Lösungsweg durch den Patienten ausgewählt.
10. Vorstellung des Notfallplans: der Patient stellt in der Gruppe seinen Notfallplan für einen erneuten Alkoholkonsum vor (an wen wende ich mich? wer hilft mir?) und bittet die Gruppe um Feedback.

Die Gruppe wird in die Therapiearbeit des Einzelnen zum Zweck therapeutischer Vertiefung mittels Feedback (Rückmeldung durch die Gruppe) und Sharing (Selbstauskunft persönlicher Erfahrungen in der Gruppe zum Zweck der Entlastung und Solidaritätserfahrung) miteinbezogen. Die Feedback-Regeln werden in der Gruppe vorgestellt und bei Bedarf wiederholt.Durch vorgegebene Gruppenregeln (Vertraulichkeit, konstruktive und bezogene Kritik etc.) wird sichergestellt, dass der Einzelne durch die Rückmeldungen der Gruppe unterstützt und ermutigt wird, dass Scham- und Schuldgefühle abgebaut werden, Selbstsicherheit aufgebaut und verstärkt wird und die Selbstverpflichtung durch die Veröffentlichung in der Gruppe erhöht wird.

Teamorientiertes Arbeiten

Die Arbeit in einer stationären Suchtklinik und in einem multiprofessionellen Team stellt sowohl eine strategische als auch eine organisationspsychologische Aufgabe dar: „Das Team ist der Therapeut“ (vgl. Urbaniok, 2000). Daher ist es wichtig, das Augenmerk auf folgende Fragen zu legen:

Basisfragen für den Ablauf der Teamsitzungen

1. Werden die Umgangsformern gewahrt?
2. Wird in einer Sprache gesprochen, die alle Teammitglieder verstehen?
3. Gibt es Teammitglieder, die die meiste Redezeit beanspruchen?
4. Gibt es Teammitglieder, die sich nie zu Wort melden?
5. Werden Informationen zurückgehalten?
6. Wird Kritik offen geäußert?
7. Werden Konflikte in der Zusammenarbeit angesprochen?
8. Können Teammitglieder eigene Unsicherheiten oder Probleme im Umgang mit den Patienten ansprechen?

Fragen hinsichtlich Teamorientierter Arbeit

1. Wie handelt das Team gesamthaft gegenüber den Patienten?
2. Wie handeln die einzelnen Teammitglieder gegenüber den Patienten?
3. Wie handelt das Team untereinander?
4. Wie wird die Klinik in ihrem Erscheinungsbild, ihren Abläufen und Strukturen gestaltet?

Die Einheitlichkeit des Teams schafft Struktur: So wird z. B. die Einrichtungseigenschaft „Freundlichkeit der Einrichtung gegenüber den Patienten“ geschaffen durch Freundlichkeit aller Teammitglieder gegenüber den Patienten. Die Einheitlichkeit der Teammitglieder umfasst neben Freundlichkeit, Offenheit, Informationsfluss, Transparenz vor allem den Respekt gegenüber den Patienten: Respekt als Dienstleistung und als professionelle Anforderung gegenüber dem Patient als Kunden. Respekt ist weiterhin als Vorleistung notwendig aufgrund der asymmetrischen Machtverteilung im therapeutischen Prozess (Respekt als ausgleichende Haltung). Professionelle Teamarbeit versteht sich als permanenter Optimierungsprozess und bedeutet eine umfassende Herausforderung: Professionalität bedeutet nicht nur das Handeln, sondern auch die Haltung beziehungsweise das Denken des Teams. Was unser Patienten lernen sollen, dass sollten wir als Behandlungsteam praktizieren/ vormachen können (vgl. Urbaniok, ebd.).
Sogenannte Spaltungsaktivitäten der Patienten sind als Selbstverteidigungsmittel vor dem Hintergrund entsprechender Elternerfahrung zu verstehen oder als Interventionsinstrument, eine erlebte Übermacht (Therapeuten) zu verhindern. Spaltungsaktivitäten zeigen also Schwachstellen/Sicherheitslücken der Team-Einheitlichkeit auf. Insofern können Teams spaltungsaktiven Patienten dankbar sein für einen kostenneutralen Beitrag zur Qualitätssicherung.

Literatur:

Bandura, A. (1986): Social foundations of thought and action: A social cognitive theory. Englewood Cliffs, N.J.: Prentice Hall

Demmel, R. (2002): Verhaltenstherapie. In: J. Fengler (Ed.): Handbuch der Suchtbehandlung: Beratung – Therapie – Prävention (pp. 591–595). Landsberg: ecomed

Grawe, K. (1995): Grundriss einer Allgemeinen Psychotherapie. Psychotherapeut; 40: 130–145

Grawe, K. (2004): Neuropsychotherapie. Göttingen Bern: Hogrefe
Kanfer, F.H./Reinecker, H./Schmelzer, D. (1991): Selbstmanagement-Therapie. Ein Lehrbuch für die klinische Praxis. Berlin: Springer

Lindenmeyer, J. (2004): Stationäre Verhaltenstherapie bei Alkoholabhängigkeit. Konzepte und Therapieergebnisse. Psychotherapie; 9: 74–83

Miller, W.R./Rollnick, S. (2004): Motivierende Gesprächsführung. Freiburg im Breisgau:Lambertus. [Deutsche Übersetzung der zweiten Ausgabe der amerikanischen Originalausgabe von 2002]

Prochaska, J.O./DiClemente, C.C. (1982): Transtheoretical therapy: Toward a more integrative model of therapy. Psychotherapy: Theory, Research, and Practice; 19: 267–288

Scheiblich, W. (2004): Soziale Integration: Aufbau tragfähiger sozialer Netze/ Förderung der Beziehungsfähigkeit. In: Bürkle, S. (Hrsg.): Nachsorge in der Suchthilfe (pp. 123–137). Freiburg im Breisgau: Lambertus

Urbaniok, F. (2000): Teamorientierte Stationäre Behandlung in der Psychiatrie. Stuttgart: Thieme-Verlag

Exzessives Computerspielen – Eine Herausforderung für die Soziale Arbeit

Thorsten Ziegler

1 Medienabhängigkeit, Computerspielsucht, Verhaltenssucht?

Der Begriff der „Computerspielsucht“, welcher häufig in Publikationen, Ratgebern usw. zu finden ist, stellt sich als durchaus problematische Umschreibung des Phänomens dar. Zum einen, weil dieser nicht offiziell als Krankheitsbild beziehungsweise psychische Störung klassifiziert ist und zum anderen verschwimmen häufig die Grenzen zwischen intensiver, extensiver oder exzessiver Nutzung. Erschwerend kommt hinzu, dass eine klare Grenzziehung in Form einheitlicher Maßstäbe, die eine exzessive Medien- beziehungsweise Computerspielnutzung definieren, fehlt (vgl. Schmidt/Lampert/Fritz, in: Fritz u.a. 2011).

In der vorhandenen Literatur wird die Medienabhängigkeit wie auch die exzessive Computerspielnutzung zumeist unter den Verhaltenssüchten eingeordnet und klinisch häufig als Impulskontrollstörung klassifiziert.

Jedoch fehlt auch den Verhaltenssüchten bisher die Anerkennung in klinischen Klassifikationssystemen. Ungeachtet dessen existieren gängige, anerkannte Kriterien und Merkmale für diese nicht stoffgebundenen Abhängigkeiten. Anhand dieser Kriterien, welche im späteren Verlauf genauer dargestellt werden, wird auch die exzessive Nutzung von Computerspielen definiert.

Die exzessive Nutzung von überlappt sich in weiten Teilen mit der „Internet- beziehungsweise Onlineabhängigkeit“. Im weiteren Verlauf wird deshalb das Phänomen der „Computer- und Internetsucht“ am Beispiel der exzessiven Computerspielnutzung beschrieben. Im Sinne einer einheitlichen Benennung innerhalb dieses Beitrags wird der Begriff „exzessive Computerspielnutzung“ verwendet.

2 Faszination Computerspiele

Computerspiele sind fester Bestandteil der Lebenswelt von Kindern und Jugendlichen. Doch was fasziniert vor allem Kinder und Jugendliche so besonders an Computerspielen?

Die Hauptmotivation ist die Suche nach Spaß, Spannung, Unterhaltung (Schmidt, Drosselmeier; in: Fritz, Lampert, Schmidt, Witting, 2011). Computerspiele haben in dieser Hinsicht zumindest in Bezug auf andere Medienangebote einen bedeutsamen Vorteil – die Interaktivität. Der Spieler wird aktiv Teil einer spannenden Geschichte und schlüpft in die Rolle des Protagonisten, in der er mit seinen Handlungen die Geschichte vorantreibt und lenkt.

Verbunden mit dieser Rolle bieten virtuelle Welten jungen Menschen auch die Möglichkeit, Dinge zu tun, die im realen Leben nicht möglich sind (z.B. ein Rennen in einem Formel 1 Wagen zu fahren) oder auch Räume, um sich in verschiedenen Rollen und Identitäten auszuprobieren.

Über die Suche nach Identität und Ausprobieren bestimmter Rollen hinaus gibt es vielfältige Angebote in Computerspielen, die zur Befriedigung menschlicher Bedürfnisse beitragen. Vor allem junge Menschen sind auf der Suche nach Befriedigung solcher Bedürfnisse wie z.B.:

- verlässlichen Strukturen und Regeln,
- Autonomie in Form von eigenständigen Entscheidungen,
- Zielen, die man erreichen kann,
  Leistungen, auf die man stolz sein kann und nach der Anerkennung und dem Selbstwertgefühl, das daraus folgt.
- Sie möchten ihre Fähigkeiten, Kenntnisse und Fertigkeiten weiterentwickeln,
- aufregende Entdeckungen und spannende Abenteuer (Bergmann/Hüther, 2008).

Dies sind Bedürfnisse, die das Computerspielen vor allem durch den Zugewinn einer sozialen Vernetzung durchaus befriedigen kann. Online-Spiele bieten vielfältige Möglichkeiten, sich im Wettbewerb zu messen, kooperativ mit anderen Spielern zusammen Ziele zu erreichen und vor allem auch bieten sie eine Plattform zur Kommunikation. Somit wird

Computerspielen zur sozialen Aktivität (vgl. Frölich/Grunewald/Taplik, 2007).

In einer weiteren Ebene bildet sich durch diese Spielkultur auch ein Gruppengefüge heraus. In diesem entstehen in der Folge auch Ansprüche an den Einzelnen. So zieht das Teamplay in wettbewerbsorientierten Spielen wie „Counterstrike" nach sich, dass die Gruppe erfolgreich sein möchte und somit auch ein regelmäßiges (zeitintensives) Training stattfinden muss. In der Welt der Online-Rollenspiele wie zum Beispiel „World of Warcraft", welche oftmals kooperativ in Gruppen gespielt werden, äußert sich der Gruppenanspruch in der Einhaltung bestimmter Termine, an denen besonders schwierige Gruppenaufgaben erledigt werden.

Somit sind die Spielzeit und das Spielverhalten nicht mehr nur abhängig von der eigenen Wahrnehmung und Entscheidung des Spielers, sondern auch von Ansprüchen, die sich aus diesen Gruppengefügen ergeben. Hier liegen Faszination beziehungsweise Herausforderung des Gruppenspiels und Gruppendruck nahe beieinander.

3 Exzessives Computerspielverhalten

Exzessives Computerspielen hat viele Erscheinungsformen und Hintergründe, die nicht immer sofort mit einer Computerspielabhängigkeit gleichzusetzen sind. Allein ein neues, interessantes und faszinierendes Spiel kann bewirken, dass dieses über einen bestimmten Zeitraum über das sonstige und angemessene Spielverhalten hinaus gespielt wird. Um klare Grenzlinien ziehen zu können ist eine klare Definition von Merkmalen des exzessiven Computerspielens nötig.

3.1 Merkmale exzessiven Computerspielens

Die Merkmale einer schädlichen und exzessiven Computerspielnutzung orientieren sich eng an bestehenden Standards für die Klassifikation anderer Abhängigkeiten, vor allem der Verhaltenssucht. Eine sehr gute Zusammenfassung und Übertragung der Kriterien von Verhaltenssucht auf das Erscheinungsbild der Computerspielsucht liefern Grüsser und Thalemann (2006):

Einengung des Verhaltensmusters
Durch die herausragende Bedeutung wird das Computerspiel zur wichtigsten Beschäftigung (andere Aktivitäten sowie alltägliche und soziale Verpflichtungen rücken in den Hintergrund) des Betroffenen und dominieren sein Denken (andauernde gedankliche Beschäftigung, auch verzerrte Wahrnehmung und Gedanken in Bezug auf das Computerspielen), seine Gefühle (unstillbares und unwiderstehliches Verlangen) und sein Verhalten (Vernachlässigung sozial erwünschter Verhaltensweisen).

Regulation von negativen Gefühlszuständen
Das Computerspielen bietet eine vermeidende Stressbewältigungsstrategie, bei welcher negative Gefühlszustände durch eine positive Erregung (Belohnung, Kick) und eine Entspannung des Vergessens („Abtauchen") reguliert werden.

Toleranzentwicklung
Die gewünschte Wirkung durch das Computerspielen kann nur durch zunehmend häufigere oder längere Computerspielzeiten (möglicherweise auch durch immer extremere Inhalte) erzielt werden, bei gleich bleibenden Spielzeiten bleibt der gewünschte affektregulierende Nutzen aus.

Entzugserscheinungen
Bei Einstellung oder Reduktion des Computerspielens treten Anzeichen wie Nervosität, Unruhe und/oder vegetative Symptome (Zittern, Schwitzen etc.) auf.

Kontrollverlust
Das Computerspielen kann in Bezug auf zeitliche Begrenzung und Umfang nicht mehr kontrolliert werden.

Rückfall
Nach Zeiten der Abstinenz oder Phasen kontrollierten Computerspielverhaltens kommt es beim Betroffenen zu einer Wiederaufnahme des unkontrollierten, exzessiven Computerspielens.

Durch eindeutig schädliche Konsequenzen für Beruf, soziale Kontakte und Hobbys aufgrund des exzessiven Computerspielens kommt es zu zwischenmenschlichen Konflikten zwischen Betroffenen und der sozialen Umwelt, beziehungsweise innerpsychischen Problemen beim Betroffenen selbst.

3.2 Verbreitung und Häufigkeit der Computerspielsucht

Über die Verbreitung und Häufigkeit in Deutschland sind genaue Angaben schwerlich zu machen. Dies liegt zum einen an dem sehr jungen Forschungsgegenstand und dem Mangel an Studien hierzulande sowie an der Tatsache, dass es keine international gültige Klassifikation, sondern verschiedene wissenschaftliche Standardisierungsversuche gibt.

Auch sind einzelne Studien schwer miteinander zu vergleichen, da sie sich zum einen in ihren Methoden unterscheiden und zum anderen die Entwicklung des Mediums Computerspiele so rasant vonstattengeht, dass sich Bezugspunkte, wie zum Beispiel bestimmte Genres, verändern und mit ihnen auch das Spielverhalten beziehungsweise die Spielmotivation. So schwanken die Angaben verschiedener Studien bezüglich eines exzessiven Nutzungsverhaltens zwischen 0,5 Prozent und 15 Prozent bei der jeweiligen Stichprobe (vgl. Schmidt/Drosselmeier/Rohde/Fritz, in: Fritz u.a. 2011). Bei den in der Quelle benannten Studien wurden speziell Computerspieler befragt als auch allgemeine Befragungen durchgeführt. Es sind alle Altersklassen vertreten, jedoch konzentriert sich die Mehrzahl Studien auf Jugendliche und junge Erwachsene.

Gründe für die Flucht in virtuelle Welten
„Je klarer der Feind definiert ist, desto leichter lässt er sich bekämpfen." (Bergmann/Hüther, 2008, S.126)

In Falle des exzessiven Computerspielens wird von der breiten Öffentlichkeit, Politikern, Eltern und auch pädagogischen Fachkräften meist der „Feind" in Gestalt der Computerspiele an sich gesehen. Und in diesem Sinne werden als Lösungsmöglichkeiten auch zumeist restriktive Maßnahmen gegen Computerspiele als die einzig wahre Problemlösung gesehen.

Die Realität ist jedoch, dass viele Kinder und Jugendliche sich der Faszination der Computerspiele hingeben, aber deshalb noch lange nicht alle diese exzessiv nutzen. Somit sollte sich in einer zielgerichteten Herangehensweise im Umgang mit exzessivem Computerspielen nicht das Verbot des „Suchtmittels", sondern die Frage, warum jemand süchtig wird, im Vordergrund stehen.

Computerspiele machen Angebote. Sie bieten den jungen Menschen eine Bedürfnisbefriedigung an, die sie in ihrer realen Lebenswelt oft nicht finden (Bergmann/Hüther, 2008). Bedürfnisse, die sich aus Entwicklungsaufgaben ergeben oder der persönlichen Entwicklung und einem schlichten Lustgewinn dienen. Betrachtet man nun die Angebote der virtuellen Welten, die im Zusammenhang mit der Faszinationskraft von Computerspielen aufgezeigt wurden, zeigt sich, dass diese durchaus in der Lage sind, diese Bedürfnisse teilweise zu befriedigen und somit mögliche Defizite der realen Welt im sozialen und gesellschaftlichen Umfeld der Kinder und Jugendlichen ausgleichen.

So wird den Jugendlichen abverlangt mit hohen Leistungsansprüchen und immer schnelllebigeren Entwicklungen Selbstverantwortung zu übernehmen und ihre Persönlichkeitsentwicklung zu durchlaufen. Sie stehen unter starkem Leistungsdruck in Schule und Beruf und sind teilweise mit hohen Erwartungshaltungen der Eltern konfrontiert. Außerdem machen es die Erweiterung des persönlichen Orientierungsraums (z.B. Freunde, die nicht mehr in der Nachbarschaft anzutreffen sind, sondern nur über lange Wege zu erreichen sind oder ständige Wechsel des Freundeskreises durch berufsbedingte Ortswechsel), die Vielfalt an unterschiedlichen Lebensformen und die daraus folgende Pluralisierung der Lebensläufe schwierig, soziale Kontakte aufrechtzuerhalten und sich in sozialen Netzen auszuprobieren. Daraus können Überforderungszustände und Orientierungslosigkeit erwachsen (vgl. Raschke, 2007).

Bei der Unterstützung in der Bewältigung dieser Anforderungen ist das soziale Umfeld gefordert, indem es den Raum und die nötige Hilfestellung bietet, die Kinder auf das Leben vorzubereiten beziehungsweise das Leben auszuprobieren. Viele Kinder finden das in ihrer Lebenswelt, in den Familien, in den Kindergärten oder auch in den Schulen, nicht vor (Bergmann/Hüther, 2008, S.129).

Manche Kinder und Jugendliche finden positivere Voraussetzungen vor oder fordern diese ein, indem sie sich gegen diese Defizite des sozialen Umfeldes wehren. Aber andere wiederum sind nicht stark genug, mit diesen umzugehen und erfahren auch nicht die nötige Unterstützung. „Es sind nie die starken, kompetenten und beziehungsfähigen, die offensten, neugierigsten gestaltungsfreudigsten oder gar die lebenslustigsten Kinder und Jugendlichen, die computersüchtig werden. Vielmehr sind es diejenigen, die über all diese stark machenden Ressourcen nicht oder in nur unzureichender Weise verfügen“ (Bergmann/Hüther, 2008, S. 141–142).

4 Eine Konzeption zum Umgang mit exzessivem Computerspielen am Beispiel des Projektes „Level Up!“ [35]

Exzessives Computerspielen beziehungsweise Computerspielsucht ist Teil des Arbeitsfeldes Sozialer Arbeit geworden. Im Umgang mit diesem Thema bestehen ein Hilfe- und somit auch ein Handlungsbedarf. Im Folgenden soll eine mögliche Herangehensweise in Form einer Konzeption beschrieben werden. Grundsätzlich handelt es sich um ein Konzept, welches auf drei Säulen aufbaut, die sich durch einen Informationsaustausch und die Zusammenarbeit der beteiligten Fachkräfte unterstützen und ineinander greifen.

1. Beratungsangebot für Eltern und bei Bedarf für die betroffenen Kinder und Jugendlichen,

2. Medienpädagogisches Angebot für die Kinder und Jugendlichen,

3. Fach- und Informationsveranstaltungen.

Die drei Handlungsansätze sollen der multifaktoriellen Entstehung und Erscheinung des exzessiven Computerspielens gerecht werden. Grundlage des Konzeptes ist ein akzeptierender Ansatz, welcher die Kinder und Jugendlichen mit ihrem Interesse an Computerspielen, die Teil ihrer Lebenswelt sind, annimmt. Das Konzept setzt an den auslösenden Aspekten, der Stärkung der Medienkompetenz und Förderung vorhandener Ressourcen zur Verhaltensänderung, an. Es soll nicht restriktiv mit dem Spielverhalten der jungen Menschen umgegangen werden, was sich auch auf der Erkenntnis gründet, dass dieses nicht allein für ein problematisches Nutzungsverhalten verantwortlich gemacht werden kann. Dadurch eröffnet sich die Möglichkeit, dass Betroffene, welche vielleicht noch nicht die Symptoma-

[35] „Level Up!“= in der Sprache der Online-Rollenspieler das Erreichen der nächsten Erfahrungs- oder Leistungsstufe. Dieses Projekt und die Konzeption entstanden am Jugendhilfswerk Freiburg e.V. in Zusammenarbeit mit Frau Carmen Kunz und Frau Claudia Meier-Behr. Es wird dort durch den Fachbereich Medienpädagogik und die psychologische Beratungsstelle durchgeführt.

tik einer exzessiven Nutzung aufweisen, sondern tendenziell gefährdet sind, Zugang zu diesem Angebot finden und so präventiv eingewirkt werden kann. Ein weiterer präventiver Ansatz ist die Säule der Fach- und Informationsveranstaltungen.

Es handelt sich um ein pädagogisches Konzept, welches auch seine Grenzen hat. Je nach Einzelfall muss abgeschätzt werden, ob das Angebot weit reichend genug für die Betroffenen ist. So ist zum Beispiel im Falle von Komorbiditäten in Form psychischer Störungen eine Weitervermittlung an psychiatrische und psychologische Hilfsangebote unerlässlich.

Fallbeispiel

Ausgangslage des vorgestellten Falles ist, dass die alleinerziehende Mutter des Jugendlichen T. einen Termin für ein Erstgespräch vereinbart. Die Mutter macht sich aufgrund des Computerkonsums ihres Sohnes große Sorgen. In ihrer Beschreibung verlässt der Sohn seit ca. einem halben Jahr kaum noch sein Zimmer. Am Zusammenleben in Form von gemeinsamen Aktivitäten, gemeinsamen Mahlzeiten oder Ähnlichem beteiligt sich T. nicht. Eine Kommunikation zwischen Mutter und Sohn findet so gut wie gar nicht mehr statt und auch Pflichten im Haushalt beziehungsweise aufgetragene Aufgaben erledigt T. gar nicht oder nur widerwillig nach mehrmaliger Aufforderung. Im Vordergrund scheint laut der Mutter das Computerspielen am PC zu sein. Darüber hinaus scheint T. viel mit anderen Leuten zu kommunizieren. Was er aber genau den ganzen Tag am Computer macht, wisse sie nicht. Der Vater von T. lebt in einiger Entfernung, so dass T. eher selten Kontakt zu ihm hat. Mit seiner Großmutter habe T. regelmäßigen Kontakt.

Die schulische Situation ist laut Berichten der Mutter sehr problematisch, da ein starker Leistungsabfall und häufige Fehlzeiten dazu führten, dass die Versetzung von T. gefährdet ist und aufgrund der Fehlzeiten Gespräche mit der Schulleitung anstehen. T. geht nur noch sehr sporadisch zur Schule. Die Mutter ist in Vollzeit beschäftigt und verlässt vor ihrem Sohn die Wohnung. T. geht dann oft nicht wie vereinbart zur Schule oder kommt nach kurzer Zeit wieder zurück, um Zeit an seinem Computer zu verbringen.

Mit Freunden oder Schulkameraden trifft sich T. kaum noch und außerhalb des Computerspielens hat er kein Hobby. Die Mutter beschreibt ihren Sohn als sehr ruhig und eher zurückhaltend.

Nach dem Erstgespräch wird vereinbart, dass die Mutter von T. weitere Beratungstermine wahrnehmen wird und ihrem Sohn die Möglichkeit eines Erstgespräches mit einer männlichen medienpädagogischen Fachkraft anbietet. So kann die Situation aus Sicht von T. aufgenommen werden, sein Computernutzungsverhalten analysiert und ihm vor allem das Angebot von „Level Up!“ vorgestellt werden.

Im Folgenden werden nun die einzelnen Säulen des Projektes „Level Up“ vorgestellt, um nachfolgend im Kontext dieser Bausteine den weiteren Verlauf des Falles zu schildern.

4.2 Beratungsangebot für Eltern

Da die Konsequenzen des exzessiven Spielens am PC im Kindes- und Jugendalter von den Betroffenen noch nicht als belastend wahrgenommen werden und die negativen Folgen in erster Linie von den Erwachsenen gesehen werden, sind es meist die Eltern, die Rat und Hilfe suchen und den Kontakt zu einer Beratungsstelle aufnehmen. In erster Linie richtet sich dieses Angebot daher an die betroffenen Eltern. Es schließt aber auch die der Kinder und Jugendlichen zu einem gewissen Zeitpunkt mit ein, da im Zuge dieses Angebots auch Maßnahmen zum Tragen kommen, die mit dem Ziel einer Verhaltensänderung des problematischen Computerspielens im familiären Alltag umgesetzt werden.

Analyse des Spielverhaltens
Zu Beginn der Arbeit mit den Eltern geht es zunächst darum, das Spielverhalten des Kindes genau zu analysieren: Was spielt das Kind, wann, wie lange? Wie ist seine Lebenssituation: Gibt es besondere Belastungen, ist es sozial eingebunden, wie werden seine sozialen Kompetenzen eingeschätzt, wie ist seine Lebenszufriedenheit? Um das problematische Computerspielverhalten im Ganzen zu analysieren, müssen die Eltern verstehen, weshalb ihre Kinder so viel Zeit vor dem Computer verbringen.

Aktives Zuhören
Regeln des aktiven Zuhörens sind erste Schritte hin zu einer einfühlsameren Kommunikation zwischen Eltern und Kindern. Dazu gehören Regeln, wie zum Beispiel dem Kind die volle Aufmerksamkeit zu schenken, das Kind grundsätzlich ausreden zu lassen, die seinen Äußerungen zugrunde liegenden Gefühlsbotschaften herauszuarbeiten und diese in gewissem Maße auch zu spiegeln und vor allem auch keine Werturteile über die Äu-

ßerungen des Kindes abzugeben sowie sich mit der eigenen Meinung zurückzuhalten. Diese und noch weitere Kommunikationsregeln beschreiten einen konstruktiven Weg, auf welchem zum einen dem Kind eine gewisse Wertschätzung entgegengebracht wird und zum anderen die individuellen Funktionen des Computerspielens für das Kind herausgearbeitet werden.

Sie werden im Beratungskontext vorgestellt, von den Eltern erprobt, Erfolge und Misserfolge gemeinsam analysiert.

Kosten-Nutzen-Analyse
Um herauszufinden, weshalb exzessiv spielende Kinder und Jugendliche ihr Verhalten in der Regel als völlig unproblematisch einschätzen, ist es wichtig, ihre Motive und Sichtweisen kennen zu lernen und gemeinsam eine „Kosten- Nutzen- Analyse" aus Sicht des Spielers zu erstellen. Der nächste Schritt ist eine Zusammenstellung der Vor- und Nachteile beim Verzicht auf Computerspiele. Anhand solcher Aufstellungen können Eltern die Perspektive ihres Kindes einnehmen und das Spielverhalten verstehen. Das Kind oder der Jugendliche werden dazu angeregt, eine Lebensperspektive ohne exzessives Computerspielen zu entwickeln.

Verstärkerpläne
Nachdem Häufigkeit und Länge des Computerspiels zunächst anhand von Wochenprotokollen kontrolliert werden, kann im nächsten Schritt ein angemessener Stufenplan zur Reduzierung der Zeiten am PC entwickelt werden. Die Einhaltung der gemeinsam erstellten Regeln wird nach einem in Voraus festgelegten Modus belohnt.

Stimmungstagebuch
Im Beratungsgespräch bekommen Eltern Anregungen und eine Vorlage für ein Stimmungstagebuch, das von ihren Kindern geführt und sie zur Selbstbeobachtung ermutigen soll. Es zeigt aufschlussreiche Zusammenhänge zwischen Stimmung, besonderen Vorkommnissen und Stärke des Wunsches Computer zu spielen.

Daneben werden Aktivitäten aufgelistet, die außer dem Computerspielen auch noch Spaß machen. Das trägt dazu bei, den Blick zu weiten und längst vergessene Aktivitäten wieder in das alltägliche Verhaltensrepertoire aufzunehmen.

Dieser verhaltenstherapeutisch orientierte Beratungsansatz verhilft den Eltern zu einem neuen Verständnis ihrer Kinder und bringt sie wieder miteinander in Kontakt. Auf dieser Basis werden Verhaltensänderungen möglich. Vor allem die Umsetzung im Alltag soll durch diese Beratung erleichtert werden. In Verknüpfung mit dem medienpädagogischen Gruppenangebot können so zum einen die Eltern ihre neu erworbenen Erkenntnisse und zum anderen die Kinder und Jugendlichen ihre gestärkten Kompetenzen im familiären Alltag umsetzen (Beratungskonzept nach Grüsser/Thalemann, 2006).

Elterncafé
Neben der Einzelberatung der Eltern und Angehörigen besteht in einem Gruppensetting die Möglichkeit, ihre Medienkompetenz zu stärken. Informationen werden durch Referenten vermittelt und untereinander weitergegeben. Teilweise wird das Elterncafé auch von den pädagogischen Fachkräften mit betreut. So können zur weiteren Stärkung der Medienkompetenz zusammen die Computerspiele gespielt werden, die die Kinder und Jugendlichen auch spielen, um einen Einblick in dieses Medium zu gewinnen.

Der Austausch mit anderen Betroffenen über Probleme und Erfolge entlastet, gibt neue Anregungen und macht Mut, sich dem Problem zu stellen.

Ziele

Ziel der Beratungsarbeit mit den Eltern ist zunächst, ihre Medienkompetenz zu stärken, ihr Interesse für die Medienwelt der Kinder zu wecken und das Spielverhalten der Kinder zu analysieren.

Durch den verbesserten Kontakt wird eine Basis für Verhaltensänderungen geschaffen. Gemeinsam mit dem Kind werden alternative Verhaltensweisen erarbeitet, die zur Stimmungsregulation eingesetzt werden und Freude bereiten. Hier helfen vor allem die (Wieder-) Aufnahme von alternativen Freizeitangeboten, das (Wieder-) Herstellen von sozialen Kontakten und auch das Angebot von Aktivitäten innerhalb der Familie. So können alternative Anregungen geschaffen werden, welche dazu beitragen, das Hobby Computerspielen in einen sinnvollen Rahmen zu bringen.

In Bezug auf die Kinder und Jugendlichen hilft das Angebot, eine neue Lebensperspektive einzunehmen, alternative Bewältigungsstrategien für die Belastungen, die ihre Lebenswelt mit sich bringt, zu entwickeln und ihre Bedürfnisse zum Beispiel nach sozialer Anerkennung oder Halt und Sicherheit auf anderen Ebenen zu stillen.

4.3 Medienpädagogisches Gruppenangebot

Neben dem Angebot für die Eltern ist ein medienpädagogisches Gruppenangebot für die Kinder und Jugendlichen wichtiger Bestandteil des Konzeptes.

Eine restriktive Linie mit dem Ziel einer Ausgrenzung des problematischen Mediums Computerspiel wird nicht verfolgt. Der in der Erwachsenenwelt verbreiteten Abwertung der Spielleidenschaft und der damit verbundenen Abwertung des Spielers wird mit medienpädagogischen Methoden entgegen gearbeitet. Das medienpädagogische Gruppenangebot fördert durch einen handlungsorientierten Ansatz mediale und soziale Kompetenzen ebenso wie eine reflektierte Mediennutzung.

Bei den wöchentlichen Treffen steht vorerst das gemeinsame Spielen unter gemeinsam ausgehandelten Bedingungen, wie beispielsweise festgelegte Spielzeiten und Spielphasen, im Vordergrund. Vereinbart wird, dass schulische und familiäre Verpflichtungen Vorrang haben. So wird ein Raum für gemeinschaftliches Spielen geboten, der sich in einem realen Setting befindet und sich dadurch von dem Spielen alleine zu Hause unterscheidet. Darüber hinaus können die Jugendlichen Spielerlebnisse in der Gruppe kommunizieren. Die veränderten gruppendynamischen und auch kommunikativen Prozesse durch die räumliche Gemeinschaft werden so von der virtuellen Welt in die reale Welt transferiert. So können die Jugendlichen auch „real-life-Themen" (z.B. Konflikte mit Eltern) in der Gruppe aufgreifen. Begleitend dazu ergibt sich die Möglichkeit, die wöchentlichen Treffen nach gemeinsamer Absprache für Aktivitäten außerhalb des Spiels (gemeinsames Kochen, kreative Nutzung des Computerspiels durch die Erstellung von kleineren Videoclips) zu nutzen.

Inhaltlich setzen sich die Jugendlichen im Rahmen der Spieletestergruppe journalistisch mit Computerspielen auseinander. Sie testen diese in Bezug auf verschiedenste Faktoren (Grafik, Spielziel, Spielinhalte usw.) und verarbeiten die Ergebnisse dann zu kurzen Audiobeiträgen, die in Form eines zehnminütigen Podcasts auf der Webseite www.spieleratgeber-nrw.de veröffentlicht werden. Abseits der Spieletests werden Sonderbeiträge produziert, in denen sich die Jugendlichen nicht mehr nur mit den Spielen an sich, sondern auf einer weiteren Ebene mit Spielmechaniken, Aspekten der Spieleentwicklung usw. beschäftigen und sich diese auch im Kontext des eigenen Spielverhaltens bewusst machen.

Die Gruppe wurde auch für Jugendliche geöffnet, die nicht aufgrund eines problematischen Nutzungsverhaltens an dem Angebot teilnehmen. Dies geschah im Sinne des präventiven Aspektes des Projektes. Darüber hinaus hat diese Mischung aus Teilnehmern auch einen positiven Effekt auf die Kommunikation innerhalb der Gruppe. Wenn über Computerspiele gesprochen wird, fließen auch häufig Aspekte mit ein, die durch eine sinnvolle Nutzung gekennzeichnet sind (wenn z.B. die Jugendlichen ohne problematisches Nutzungsverhalten über ihre Art des Spielens erzählen oder von Medienregeln berichten, die bei ihnen zu Hause gelten).

Ziele

Das medienpädagogische Gruppenangebot soll den jungen Menschen die Möglichkeit bieten, sich ihr eigenes Computerspielverhalten bewusst zu machen. Ziel ist die Medienbildung im Sinne eines bewussten Umgangs mit den Computerspielen sowie der Ausbau kooperativer Arbeitsformen, sozialer, kultureller und kommunikativer Kompetenzen. Das Angebot vereinigt viele Attraktionen für die jungen Menschen und für anleitende Fachkräfte in sich: Der Zuschnitt der Gruppenarbeit nach Themen und Interessenlagen sowie die medienbezogene Bearbeitung dieser Themen, wie Ton- und Videoaufnahmen sowie die Bearbeitung am Computer fördern die intrinsische Lernmotivation der Teilnehmer.

Viele ganz unterschiedliche Aufgaben, mit oder ohne Mikrofon und Computer, in der Projektorganisation und -durchführung sprechen die unterschiedlichsten Talente und Interessen aller Beteiligten an. Diese Herausforderungen sind mit fachlicher Begleitung und durch gegenseitige Beratung zu bewältigen.

Der Prozess der gemeinsamen Erarbeitung eines Projektergebnisses fördert die konstruktive Auseinandersetzung ebenso wie den Zusammenhalt in der Gruppe. Durch das Projektergebnis in Form eines veröffentlichten Beitrages werden neben vielen kognitiven Funktionen und den medialen Fähigkeiten der Teilnehmenden deren Selbstbewusstsein (Anerkennung auch außerhalb der virtuellen Welt) und neue Artikulationsmöglichkeiten gefördert und erschlossen. So erhalten die jungen Leute auch die Möglichkeit, sich mit der Präsentation von medialen Beiträgen in einer breiteren Öffentlichkeit, insbesondere im realen Austausch mit Gleichgesinnten, zu Wort zu melden, sich verständlich zu machen und zu artikulieren.

Mit der Erschließung dieser Selbstkompetenzen sowie der Artikulations- und Partizipationsmöglichkeiten durch das Gruppenangebot kann den problematischen Computerspielsuchtmustern aktiv begegnet werden. Im weiteren Sinne können diese in den Alltag übertragen werden und eröffnen im Zusammenspiel mit dem Beratungsangebot neue soziale sowie kommunikative Perspektiven im Umgang mit dem alltäglichen Leben und fördern zudem die Sensibilisierung für einen bewussten Medienumgang. So können ebenfalls Möglichkeiten für alternative Anregungen aus der Umwelt abseits der virtuellen Welt und in Form zum Beispiel einer geänderten Freizeitgestaltung erschlossen werden

4.4 Intensive Einzelbetreuung

Für Jugendliche, die im Rahmen einer problematischen Nutzung am Projekt „Level Up!" teilnehmen, besteht die Möglichkeit einer intensiven Einzelbetreuung. Diese beinhaltet eine Unterstützung des Jugendlichen in der Bewältigung spezifischer Problemlagen und Entwicklungsaufgaben. Dies beinhaltet ebenso freizeitpädagogische Angebote, die Reaktivierung oder Erschließung von Ressourcen aus dem sozialen Umfeld sowie die Erarbeitung von Maßnahmen, die auf eine bewusste Mediennutzung und alternative Möglichkeiten der Selbstregulation abzielen. Eltern können darüber hinaus in der Umsetzung der verhaltensändernden Maßnahmen unterstützt werden. Es besteht die Möglichkeit, diese Einzelbetreuung in Form einer Erziehungsbeistandschaft im Rahmen einer „Hilfe zur Erziehung"[36] beim Sozial- und Jugendamt zu beantragen.

4.5 Fach-/Infoveranstaltungen

Diese gewährleisten für Eltern, Lehrer sowie Multiplikatoren die notwendige medienpädagogische Aufklärungsarbeit. Angefangen bei der Frage, „wo sind unsere Kinder im Internet unterwegs"? bis hin zu konkreten Tipps rund um den Umgang mit Computer und Internet schließt dieses Angebot die Wissenskluft der Erwachsenen und wirkt damit der Verunsicherung aufseiten der Erziehenden entgegen.
Die Rolle der Eltern hat sich im Medien- und Informationszeitalter entscheidend verändert. Die Fachveranstaltungen bieten ein Forum für Erziehungsfragen wie auch für neue Formen der Wissenskommunikation ange-

[36] Nach §27 SGB VIII

sichts der neuen Medien und ähnliche Themen. In Kooperationen mit Schulen kann die Zielgruppe direkt vor Ort erreicht werden.

Ziele

Eltern, Lehrer und Multiplikatoren werden durch Informationsveranstaltungen in ihrer Medienerziehung und -bildung unterstützt, beraten und entlastet. Zudem wird ihnen ein höheres Maß an Medienkompetenz vermittelt, um die Welt der neuen Medien, in der ihre Kinder aufwachsen, besser zu verstehen, aktiv daran teilzuhaben und die Kinder dabei zu begleiten.

Verlauf des Fallbeispiels

Im ersten Gespräch mit dem Jugendlichen wird die Situation aus seiner Sicht besprochen. In diesem Gespräch schätzt auch T. sehr reflektiert seinen Computerkonsum und seine aktuelle Lebenssituation als problematisch ein. Eine solche Selbsteinschätzung und zumindest teilweise Problemeinsicht ist in der Regel bei den Jugendlichen zunächst nicht vorhanden. Da er gerne vor allem am konfliktbehafteten Zusammenleben mit seiner Mutter etwas ändern möchte, kann sich T. vorstellen an dem Angebot von „Level Up!" teilzunehmen.

Die Mutter hat darüber hinaus einen Antrag auf Hilfe zur Erziehung in Form einer Erziehungsbeistandschaft gestellt, welche dann nach Zustimmung von T. zeitnah begonnen wird.

Innerhalb des Gruppenangebots integriert sich T. schnell und findet trotz seiner eher zurückhaltenden Art gut Kontakt zu den anderen Teilnehmern. Vor allem mit einem Teilnehmer gleichen Alters tauscht sich T. rege aus. Dieser Kontakt besteht auch außerhalb des Gruppenangebotes weiter und führt dazu, dass die Jugendlichen gemeinsame Interessen abseits des Computerspielens entdecken. Das gemeinsame Interesse am Snowboarden dient als erster Ansatz in Bezug auf alternative Freizeitaktivitäten, wird in Form von zwei Ausflügen mit den betreuenden Personen aufgenommen und im Folgenden sogar von den Jugendlichen selbst fortgeführt.

Nach einer zweiwöchigen Krankheit verliert er den Anschluss in der Schule und schafft es nicht dies aufzuholen. Dieser Situation und dem dadurch entstandenen Druck begegnet T. mit der Vermeidung des Schulbesuches, was in der Folge natürlich zu immer schlechteren Leistungen und vielen Fehlzeiten führt. Mit seiner Mutter kann T. nicht über diese Situation sprechen, da er nicht das Gefühl hat, dass sie sich wirklich dafür interessiert beziehungsweise Verständnis aufbringen würde. In den kurzen Zeitfenstern nach ihrem Feierabend kommt es meist zu Konflikten bezüglich der alltäglichen Pflichten oder es findet gar keine Unterhaltung statt, woraufhin beide sich zurückziehen, was in diesem Fall für T. das Computerspielen ist. Für T. ist diese Situation sehr belastend, vor allem auch, weil er scheinbar zusätzlich ein starkes Verantwortungsgefühl gegenüber seiner Mutter hat. Über Probleme spricht er aber in erster Linie mit seiner Großmutter, die er ca. einmal die Woche trifft. Mit seinem Vater hat T. sehr guten, aber unregelmäßigen Kontakt. Für T. war es innerhalb der Erziehungsbeistandschaft in der Folge sehr wichtig, einen Ansprechpartner für Anliegen zu haben, die ihn belasten.

Die schulische Situation eskaliert letztendlich in einem Schulausschluss und stellt T. vor die Herausforderung einer Neuorientierung.

Im Zuge der intensiven Einzelbetreuung rückt nun die weitere schulische beziehungsweise berufliche Biografie in den Vordergrund. Weiter wird versucht, durch regelmäßige gemeinsame Aktivitäten, wie zum Beispiel Basketball spielen, vergangene Freizeitaktivitäten zu reaktivieren. Durch Beratungsgespräche mit der Mutter und auch durch gemeinsame Beratungsgespräche wird versucht, der schwierigen familiären Situation zu begegnen. Hier ist das Ziel, wieder eine Basis für eine Kommunikation, gemeinsame Aktivitäten und ein besseres Zusammenleben zu finden. Für T. wäre ein guter Kontakt zu seiner Mutter vor allem auch eine Unterstützung für kommende Belastungssituationen. Es werden gemeinsam Medienregeln ausgehandelt und in Absprache mit T. für das betreffende Computerspiel zusätzlich eine Funktion aktiviert, welche die Spielzeiten reguliert und ihm anfänglich helfen soll, seine Computerspielzeiten eigenständig zu planen und zu regulieren.

Nach einer kurzzeitigen Verbesserung der allgemeinen Situation zu Hause und einer positiven Veränderung des Computerspielverhaltens führt vor allem der unsichere schulische beziehungsweise berufliche Werdegang von T. zu neuen Konflikten. Es fällt T. weiter schwer, zusätzlich zu seinen sozialen Kontakten in der virtuellen Welt Kontakte mit Freunden außerhalb dieser zu reaktiveren. Auch haben die Bekanntschaften aus dem Spiel durchaus die Funktion von Ansprechpartnern bei bestimmten Problemlagen. Trotz zahlreicher Bemühungen, die Schwierigkeit bezüglich seines weiteren Werdegangs zu meistern, gerät T. immer wieder unter Druck vor allem durch die Anstrengungen seiner Mutter, ihn unter allen Umständen wieder an einem Gymnasium unterzubringen. Allerdings interessiert und bewirbt sich T. auch für handwerkliche Ausbildungen und Praktika. In der Begleitung innerhalb der Erziehungsbeistandschaft wird er von der pädagogischen Fachkraft in der Gestaltung seines weiteren Weges unterstützt, vor allem weil er hier einen hohen Grad an Motivation und Eigeninitiative zeigt. Letztendlich soll dies zu einem Wendepunkt für T. werden. Er erhält einen Praktikumsplatz in einem Handwerksbetrieb und aufgrund seiner guten Leistungen in der Folge einen Ausbildungsvertrag. Mit der neuen beruflichen Situation rückt das Computerspiel zwangsläufig in den Hintergrund. In der Gestaltung seines Alltags finden neben der Ausbildung auch wieder Freunde und andere Aktivitäten außerhalb des Computerspielens Platz.

Neben der Unterstützung durch die Erziehungsbeistandschaft nimmt T. auch regelmäßig am medienpädagogischen Gruppenangebot teil. Dies ist neben den sozialen Kontakten und den Freizeitaktivitäten wichtig, weil es häufig Ausgangspunkt für die Reflexion seines Spielverhaltens war. Ein wichtiger Faktor für diesen positiven Ausgang ist sicher auch die ausgeprägte Fähigkeit von T. zur Selbstreflektion, die beispielhaft an diesem Satz deutlich wird: „Irgendwie glaube ich, dass nicht das Computerspielen mein eigentliches Problem ist."

5 Fazit

Jenseits der sicher sinnvollen Diskussion um eine klinische Klassifikation der exzessiven Nutzung von Computerspielen und ihrer tatsächlichen Verbreitung stellt diese durchaus eine neue Herausforderung an die Soziale Arbeit dar. Vor allem bei den beschriebenen Entstehungsfaktoren und deren Ursprung aus psychosozialen Belastungssituationen innerhalb der Lebenswelt junger Menschen zeichnet sich ein neues Handlungsfeld ab. Für Hilfeangebote ergibt sich dadurch auch der Anspruch einer Lebenswelt bezogenen Konzeption, welche sich auf die Stärkung der sozialen Kompetenzen des Einzelnen und die Aktivierung von Ressourcen konzentrieren muss, um andere Stressbewältigungs- und Regulationsstrategien zu entwickeln, die wieder einen Anschluss an das reale Leben ermöglichen. Darüber hinaus muss das Angebot auf das soziale und familiäre Umfeld einwirken. Eltern und Angehörige brauchen im Umgang mit dem problematischen Verhalten Unterstützung.

Daneben ist die Stärkung der Medienkompetenz aller Beteiligten und der medienpädagogischen Kompetenzen der Erziehenden ein wichtiges Ziel. Bei der Gestaltung medienpädagogischer Angebote müssen diese am Mediennutzungsalltag der Jugendlichen anknüpfen und ihnen gleichzeitig auch die Möglichkeit bieten, sich reflektierend mit dem eigenen Mediennutzungsverhalten auseinanderzusetzen.

Bei der vorgestellten Konzeption werden diese Aspekte durch ein Team aus Fachkräften der Sozialen Arbeit mit unterschiedlichen Qualifikationen in der Beratungsarbeit, der sozialpädagogischen Einzelarbeit sowie in der Ausarbeitung von medienpädagogischen Gruppenangeboten und Fortbildungen gewährleistet. Es handelt sich hierbei um ein pädagogisches und beraterisches Konzept, welches je nach Ausprägung der exzessiven Nutzung auch seine Grenzen hat. So werden teilweise in Verbindung mit einer exzessiven Mediennutzung psychische Erkrankungen wie zum Beispiel Depressionen oder Angststörungen beobachtet. In welchem Zusammenhang diese Komorbiditäten stehen, ist bislang noch nicht gänzlich geklärt. Sie beschreiben aber zum einen die Grenzen für dieses Angebot und zum anderen einen wichtigen Forschungsaspekt in Hinblick auf die Klassifikation der exzessiven Mediennutzung.

Literatur:

Bergmann,W./Hüther, G.: „Computersüchtig – Kinder im Sog der modernen Medien“, Beltz Verlag, Weinheim und Basel 2008

Leu, H.R.: „Wie Kinder mit Computern umgehen – Studie zur Entzauberung einer neuen Technologie“, DJI Verlag, München 1993

Lischka, K.: „Spielplatz Computer – Kultur, Geschichte und Ästhetik des Computerspiels“, Verlag Heinz Heise GmbH & Co KG, Hannover 2002

Fritz, J./Lampert, C./Schmidt, J.-H./Witting, T. (Hrsg.): „Kompetenzen und exzessive Nutzung bei Computerspielern: Gefordert, gefördert, gefährdet“, Vistas Verlag GmbH, Berlin 2011

Frölich, M./Grunewald, M./Taplik, U.: „Computerspiele – Faszination und Irritation“, Brandes und Apsel Verlag GmbH, Frankfurt/M. 2006

Grüsser, S./Thalemann, R.: „Computerspielsüchtig? – Rat und Hilfe", Verlag Hans Huber, Bern 2006

Raschke, M.: „Im Computerspiel bin ich der Held – Wie virtuelle Welten die Identitätsentwicklungen von Jugendlichen beeinflussen", Diplomica Verlag GmbH, Hamburg 2007

Schmidt, J.-H./Lampert, C./Fritz, J.: „Zusammenfassung und Fazit". In: Fritz, J./Lampert, C./Schmidt/J.-H./Witting, T. (Hrsg.); „Kompetenzen und exzessive Nutzung bei Computerspielern: Gefordert, gefördert, gefährdet", Vistas Verlag GmbH, Berlin 2011

Schmidt, J.-H./Drosselmeier, M.: „Die Computerspieler in Deutschland". In: Fritz, J./Lampert, C./Schmidt/J.-H., Witting, T. (Hrsg.): „Kompetenzen und exzessive Nutzung bei Computerspielern: Gefordert, gefördert, gefährdet", Vistas Verlag GmbH, Berlin 2011

Schmidt, J.-H./Drosselmeier, M./Rohde, W./Fritz, J.: „Problematische Nutzung und Abhängigkeit von Computerspielen". In: Fritz, J./Lampert, C., Schmidt/J.-H./Witting, T. (Hrsg.): „Kompetenzen und exzessive Nutzung bei Computerspielern: Gefordert, gefördert, gefährdet", Vistas Verlag GmbH, Berlin 2011

Schlussbemerkung

Hans Joachim Abstein

Trotz der zunehmenden Bedeutung der Suchtmedizin bei der Behandlung abhängigkeitskranker Menschen ist die Sozialarbeit nach wie vor die dominierende Profession im Bereich der Suchthilfe. Sozialarbeiter finden heute in Kommunalverwaltungen, Beratungsstellen, niedrigschwelligen Einrichtungen, Krankenhäusern und Rehakliniken und Einrichtungen des Betreuten Wohnens viele Einsatzmöglichkeiten. Die in diesem Buch vorgestellten Arbeitsfelder der Sozialen Arbeit in der Suchthilfe geben einen Einblick in die Vielfalt und Aktualität dieses Praxisbereichs für die professionelle Sozialarbeit. Die Auswahl der Beispiele erfolgte unter dem Gesichtspunkt, eine Übersicht über die Vielfalt der Arbeitsfelder zu geben, die Breite der Aufgabenstellungen zu verdeutlichen und traditionelle Arbeitsfelder ebenso wie die Entwicklung neuerer Ansätze aufzuzeigen.

Worin besteht nun das spezifisch Sozialarbeiterische in diesen Arbeitsfeldern, die ja teilweise auch von anderen Berufsgruppen (Psychologen, Ärzte) bedient werden? Auch wenn aufgrund einrichtungsbezogener Spezialisierung sozialarbeiterisches Handeln sich je nach Arbeitsfeld und institutionellem Kontext unterschiedlich abbildet, können in unseren Praxisbeispielen überall Elemente sozialarbeiterischer Methoden identifiziert werden: Soziale Einzelfallhilfe, Familienhilfe und soziale Gruppenarbeit, Gemeinwesenorientierte Ansätze, Hilfeplanung, Netzwerkarbeit, Case Management und Sozialplanung – um nur einige zu nennen, finden sich in der Prävention, der Kontaktladenarbeit, der Suchtberatungsstelle und der Rehaklinik sowie der Arbeit mit problematischen Computerspielern – in unterschiedlicher Gewichtung – wieder.

Es ist Konsens in den wissenschaftlichen Forschungsbereichen aller beteiligten Professionen, dass das Phänomen „Sucht“ in einem biologisch-psychisch-sozialen Kontext entsteht und dass sich die Auswirkungen süchtigen Verhaltens in eben diesen Bereichen zeigen. Es handelt sich weder um ein rein medizinisches oder psychotherapeutisches Problem, noch um ein ausschließlich soziales. So ist in nahezu allen Arbeitsfeldern und Einrichtungstypen die Arbeit in multiprofessionellen Teams organisiert – und in kaum einer Einrichtung oder einem Arbeitsbereich der Suchthilfe ist der Verzicht auf sozialarbeiterische Kompetenz vorstellbar.

Die Autorinnen und Autoren

Hans Joachim Abstein, geb. 1957
Dipl. Sozialarbeiter (FH), Sozialtherapie
Leiter Referat Suchthilfe des AGJ-Fachverbands für Prävention und Rehabilitation in der Erzdiözese Freiburg e.V.

Arno Frank, geb. 1972
Dipl. Sozialpädagoge (FH), Master of Science in Addiction Prevention and Treatment (M.Sc.), Suchttherapeut KFH NW
Therapeutischer Leiter der Rehaklinik St. Landelin, Herbolzheim-Broggingen

Christa Niemeier, geb. 1958
Diplompädagogin
Referentin der Landesstelle für Suchtfragen Baden-Württemberg

Ulrike Preuß-Ruf, geb. 1958
Dipl. Sozialpädagogin (FH)
10 Jahre Leiterin der Suchtberatungsstelle der Diakonie in Bietigheim, Landkreis Ludwigsburg. Ab Oktober 2011 in eigener Praxis als Systemische Therapeutin und Supervisorin

Klaus Rieger, geb. 1957
Dipl. Sozialpädagoge (FH)
Leiter des Kontaktladens Offenburg (AGJ)

Thorsten Ziegler, geb. 1979
Dipl. Sozialpädagoge/Sozialarbeiter (FH)
Mitarbeiter von „Level Up“, Jugendhilfswerk Freiburg

Skills | Methoden und Konzepte der Sozialen Arbeit in verschiedenen Arbeitsfeldern

Sigmund Gastiger, Marius Stark (Hg.)

Schuldnerberatung – eine ganzheitliche Aufgabe für methodische Sozialarbeit

2011, 110 Seiten, kartoniert
ca. € 15,00/SFr 21,90
ISBN 978-3-7841-2072-0

- Von der Existenzsicherung zur professionellen Schuldnerberatung (Marius Stark)
- Schuldnerberatung ist Sozialarbeit (Werner Just)
- Ursachen der Überschuldung (Nicolas Mantseris)
- Erstkontakte und Erstgespräche (Agnes Herten, Petra Monshausen)
- Krisenintervention (Martin Langenbahn)
- Haushaltsplanung/ Budgetberatung (Nicolas Mantseris)
- Schuldenregulierung (Wilfried Jahn)
- Insolvenzberatung (Susanne Vetter)
- Onlineberatung (Wilfried Jahn)
- Geldverwaltung (Nicolas Mantseris)
- Gruppenberatung (Wilfried Jahn)
- Vermittlung von Finanzkompetenz (Nicolas Mantseris)

www.lambertus.de

LAMBERTUS
SOZIAL | RECHT | CARITAS